Maria Sanchez Carreras
Mateo Vaquer Garau

Unternehmensgründung in Spanien und seinen Sondergebieten

bup

Maria Sanchez Carreras
Mateo Vaquer Garau

Unternehmensgründung in Spanien und seinen Sondergebieten

Print: ISBN 978-3-69035-209-3
eBook: ISBN: 978-3-69035-213-0

Bestellnummer: 1817 (Taschenbuch)
Auch als eBook verfügbar

Bremen University Press
Fahrenheitstr. 11
D-28359 Bremen

bup@bremenuniversitypress.com
www.bremenuniversitypress.com

Maria Sanchez Carreras
Mateo Vaquer Garau

Unternehmensgründung in Spanien und seinen Sondergebieten

Übersicht

Inhaltsverzeichnis

Einleitung

Eine Firmengründung in Spanien kann aus mehreren strategischen, wirtschaftlichen und steuerlichen Gründen sinnvoll für Ausländer sein. Spanien, als viertgrößte Volkswirtschaft der Eurozone, bietet einen attraktiven Binnenmarkt mit über 47 Millionen Einwohnern und einem stabilen Konsumverhalten. Für Unternehmer und Unternehmen eröffnen sich hier zahlreiche Möglichkeiten, insbesondere in Branchen wie Tourismus, erneuerbare Energien, Technologie, Logistik, Immobilien und Landwirtschaft. Gleichzeitig bietet Spanien eine Reihe von Vorteilen im Hinblick auf Steueroptimierung und Vermögensübertragung, die für internationale Investoren und Familienunternehmen besonders interessant sind.

Spanien ist ein internationales Drehkreuz, das durch seine geografische Lage Zugang zu Europa, Afrika und Lateinamerika ermöglicht. Unternehmen, die global agieren oder den lateinamerikanischen Markt erschließen möchten, profitieren von den engen kulturellen, sprachlichen und wirtschaftlichen Verbindungen Spaniens zu dieser Region. Gleichzeitig erleichtert die EU-Mitgliedschaft Spaniens den Zugang zu einem der größten Wirtschaftsräume der Welt, mit einer gemeinsamen Rechts- und Steuergrundlage für grenzüberschreitende Geschäfte.

Ein wesentlicher Vorteil Spaniens ist die Verfügbarkeit gut ausgebildeter und oft mehrsprachiger Arbeitskräfte.

10

Städte wie Madrid, Barcelona und Valencia haben sich als wirtschaftliche Zentren etabliert, die qualifiziertes Personal, moderne Infrastruktur und eine innovationsfreundliche Umgebung bieten. Insbesondere in den Bereichen Technologie und Dienstleistungen sind diese Standorte Hotspots für Unternehmen, die von einem dynamischen Arbeitsmarkt und moderaten Lohnkosten profitieren möchten. Auch die flexible Auswahl an Rechtsformen, darunter die beliebte Gesellschaft mit beschränkter Haftung (S.L.), macht die Gründung eines Unternehmens in Spanien einfach und kosteneffizient.

Ein weiterer entscheidender Aspekt ist die steuerliche Attraktivität Spaniens, sowohl für Unternehmer als auch für Unternehmen. Das spanische Steuersystem bietet zahlreiche Möglichkeiten zur Steueroptimierung. Eine Kapitalgesellschaft in Spanien kann als Holdingstruktur genutzt werden, um Gewinne aus internationalen Investitionen steuerbegünstigt zu vereinnahmen. Im Rahmen der EU-Mutter-Tochter-Richtlinie können Dividenden aus anderen EU-Staaten steuerfrei vereinnahmt werden, wenn bestimmte Bedingungen erfüllt sind. Dies macht Spanien zu einem interessanten Standort für multinationale Unternehmen, die ihre steuerliche Belastung reduzieren möchten.

Auch für Unternehmen, die Gewinne reinvestieren, gibt es steuerliche Vorteile. Reinvestitionen in Anlagen, Forschung und Entwicklung oder nachhaltige Projekte können mit Steuererleichterungen gefördert werden. Insbesondere Start-ups und innovative Unternehmen

11

profitieren von speziellen Förderprogrammen und Steuervergünstigungen, die von den spanischen Behörden und der EU angeboten werden. Regionen wie Madrid oder Katalonien bieten zusätzliche Anreize für Unternehmen, die in strategischen Sektoren tätig sind.

Ein besonders interessanter Aspekt der Firmengründung in Spanien ist die Möglichkeit der steuerlich optimierten Vermögensübertragung auf Nachkommen. Unternehmensanteile können in Spanien unter bestimmten Bedingungen steuerlich begünstigt auf Erben übertragen werden. Dies ist besonders für Familienunternehmen attraktiv, die eine langfristige Nachfolge planen. In vielen Regionen Spaniens, darunter Andalusien, Madrid und Valencia, gibt es erhebliche Steuererleichterungen bei der Erbschafts- und Schenkungssteuer, sofern die Nachfolger die Geschäftstätigkeit fortführen und bestimmte Kriterien erfüllen. Diese Steuerbegünstigungen machen Spanien zu einem bevorzugten Standort für Unternehmer, die ihr Vermögen langfristig sichern und effektiv auf die nächste Generation übertragen möchten.

Ein weiterer Vorteil ist die Möglichkeit, durch kluge Vermögensplanung und Unternehmensstrukturen die steuerliche Belastung auf Vermögenswerte zu minimieren. In Spanien gibt es verschiedene rechtliche Mechanismen, wie beispielsweise Familienstiftungen oder Treuhandstrukturen, die dabei helfen können, Vermögen effizient zu verwalten und an die Nachkommen zu übertragen, ohne dass dabei hohe Steuerabgaben entstehen. Diese Möglichkeiten sind besonders attraktiv für

Unternehmer, die sowohl ihr Geschäftsvermögen als auch ihr privates Vermögen schützen und langfristig erhalten möchten.

Darüber hinaus bietet Spanien durch seine Stabilität und Rechtsklarheit ein unternehmensfreundliches Umfeld. Mit einer modernen Infrastruktur, digitalen Innovationszentren und einer starken wirtschaftlichen Vernetzung zu internationalen Märkten können Unternehmen in Spanien nicht nur steuerlich profitieren, sondern auch von einer soliden Plattform für Wachstum und Expansion. In Kombination mit der strategischen Lage, den moderaten Lohnkosten und der steuerlichen Attraktivität ist Spanien daher ein lohnenswerter Standort für Unternehmer, die ihre Geschäfte international ausrichten oder Vermögensplanung und Steueroptimierung in ihre Strategie einbinden möchten.

Genereller Rechtsrahmen in Spanien

Das spanische Rechtssystem basiert auf einem **kontinental-europäischen Rechtssystem** und zeichnet sich durch eine klare Trennung zwischen Legislative, Exekutive und Judikative aus. Es folgt dem Prinzip der Rechtseinheit, wobei alle Rechtssubjekte denselben allgemeinen Rechtsgrundsätzen unterliegen, und ist durch eine hierarchische Struktur der Rechtsquellen geprägt. Die spanische Verfassung von 1978 bildet die Grundlage des gesamten Rechtssystems und definiert Spanien als parlamentarische Monarchie mit einer dezentralen Struktur, in der den autonomen Gemeinschaften (Comunidades Autónomas) spezifische Kompetenzen zugewiesen sind.

Gesetze

Die **spanische Verfassung von 1978** (Constitución Española) ist die höchste Rechtsnorm und steht an der Spitze der Hierarchie des spanischen Rechtssystems. Sie legt die Grundprinzipien der Staatsorganisation, die Rechte und Pflichten der Bürger sowie die Befugnisse der verschiedenen Staatsgewalten fest. Die Verfassung schützt grundlegende Menschenrechte und garantiert die demokratische Ordnung sowie die Autonomie der Regionen.

Das spanische Rechtssystem folgt einer klaren Hierarchie der Rechtsquellen, die in Artikel 1 des spanischen Bürgerlichen Gesetzbuchs (Código Civil) geregelt ist:

- **Gesetze** (Leyes): Sie sind die wichtigste Rechtsquelle und werden durch das spanische Parlament (Cortes Generales) verabschiedet. Dazu gehören:
- **Organische Gesetze** (Leyes Orgánicas): Für grundlegende Bereiche wie Grundrechte, Wahlen oder die Organisation des Staates erforderlich. Sie benötigen eine qualifizierte Mehrheit im Parlament.
- **Ordentliche Gesetze** (Leyes Ordinarias): Regeln alle anderen Themenbereiche.

- **Autonome Gesetze**: Gesetze, die von den autonomen Gemeinschaften innerhalb ihrer Zuständigkeiten erlassen werden.
- **Verordnungen** (Reglamentos): Sie werden von der Exekutive erlassen, um Gesetze zu ergänzen oder deren Anwendung zu regeln.
- **Gewohnheitsrecht** (Costumbre): Wird nur angewendet, wenn keine gesetzlichen Regelungen existieren, und muss mit der Moral und der öffentlichen Ordnung vereinbar sein.
- **Allgemeine Rechtsgrundsätze** (Principios Generales del Derecho): Diese werden herangezogen, wenn weder Gesetze noch Gewohnheitsrecht eine Lösung bieten.
- **Internationale Verträge und EU-Recht**: Spanien ist Teil der Europäischen Union, und das EU-Recht hat Vorrang vor nationalem Recht, sofern es direkt anwendbar ist. Internationale Verträge, die Spanien ratifiziert hat, sind ebenfalls verbindlich.

Gerichtsbarkeit

Das spanische Rechtssystem ist geprägt von der Trennung der drei Gewalten.

Das spanische Gerichtssystem wiederum ist in verschiedene Gerichtszweige unterteilt, die sich mit spezifischen Rechtsgebieten befassen:

- **Verfassungsgericht** (Tribunal Constitucional): Das oberste Organ zur Überprüfung der Verfassungsmäßigkeit von Gesetzen und Handlungen.

Es schützt auch die in der Verfassung garantierten Grundrechte.

- **Oberster Gerichtshof** (Tribunal Supremo): Das höchste Gericht für alle Rechtssachen, die nicht in die Zuständigkeit des Verfassungsgerichts fallen. Er ist in fünf Kammern (Zivilrecht, Strafrecht, Verwaltungsrecht, Arbeitsrecht, Militärrecht) gegliedert.

- **Nationale Gerichtsbarkeit** (Audiencia Nacional): Zuständig für komplexe Fälle wie Terrorismus, Finanzverbrechen und internationale Delikte.

- **Regionale Gerichte** (Tribunales Superiores de Justicia): Oberste Gerichte in den autonomen Gemeinschaften, die die Zuständigkeit für regionale Angelegenheiten haben.

- **Provincialgerichte** (Audiencias Provinciales): Zuständig für Berufungen und komplexe Zivil- und Strafsachen.

- **Erstinstanzgerichte** (Juzgados de Primera Instancia): Bearbeiten zivilrechtliche Streitigkeiten und Strafsachen auf lokaler Ebene.

- **Spezialgerichte:** Es gibt auch Gerichte für spezifische Bereiche, wie Handelsgerichte (Juzgados de lo Mercantil), Familiengerichte oder Arbeitsgerichte.

Föderalismus

Spanien ist ein dezentralisierter Einheitsstaat mit 17 autonomen Gemeinschaften (Comunidades Autónomas) und zwei autonomen Städten (Ceuta und Melilla). Die Verfassung erkennt deren Autonomie an und legt fest, dass sie innerhalb ihrer Zuständigkeiten eigene Gesetze erlassen und Institutionen schaffen können. Die Kompetenzen der autonomen Gemeinschaften sind in deren Autonomiestatuten (Estatutos de Autonomía) geregelt. Diese betreffen unter anderem Bildung, Gesundheit, Kultur, Umwelt und wirtschaftliche Entwicklung. In rechtlichen Streitfällen zwischen dem Staat und den autonomen Gemeinschaften entscheidet das Verfassungsgericht.

Als Mitglied der Europäischen Union ist Spanien verpflichtet, EU-Recht in sein nationales Rechtssystem zu integrieren. EU-Verordnungen gelten unmittelbar und haben Vorrang vor nationalem Recht. Richtlinien müssen in nationales Recht umgesetzt werden. Der Europäische Gerichtshof (EuGH) überwacht die Einhaltung des EU-Rechts in Spanien.

Sondergebiete

Die spanischen Gebiete Kanarische Inseln, Ceuta und Melilla verfügen über besondere steuerliche und zollrechtliche Regelungen, die ihre wirtschaftliche Entwicklung fördern und ihre geografische Lage berücksichtigen. Die Kanarischen Inseln gehören zwar zum Zollgebiet der Europäischen Union, jedoch nicht zum Steuergebiet für Verbrauchsteuern und Mehrwertsteuern. Statt der spanischen Mehrwertsteuer (IVA) gilt dort die regionale Steuer IGIC mit niedrigeren Sätzen. Ceuta und Melilla gehören weder zum Zollgebiet der EU noch zum Steuergebiet für Verbrauchsteuern und Mehrwertsteuern und werden im Warenverkehr wie Drittländer behandelt. Beide Städte sowie die Kanarischen Inseln erheben eigene lokale Steuern und profitieren von spezifischen Steuervergünstigungen, wie ermäßigten Körperschaftssteuersätzen, um Investitionen zu fördern. Warenlieferungen in diese Gebiete werden wie Exporte behandelt und unterliegen Zollanmeldungen sowie spezifischen Steuervorschriften. Auch beim Reiseverkehr gelten für diese Gebiete Sonderregeln, da Mitbringsel wie bei Nicht-EU-Staaten nur innerhalb festgelegter Freimengen abgabenfrei sind. Diese Regelungen bieten steuerliche Vorteile, erfordern jedoch eine sorgfältige Beachtung der Vorschriften für den Warenverkehr und die steuerliche Behandlung.

Die Wirtschaft in Spanien

Die Finanzkrise von 2008 hatte erhebliche Auswirkungen auf Spanien, die bis heute spürbar sind. Vor der Krise erlebte das Land ein Jahrzehnt des wirtschaftlichen Wachstums, das jedoch maßgeblich auf einer Immobilienblase und einer starken Kreditvergabe basierte. Mit dem Platzen der Immobilienblase und der globalen Wirtschaftskrise geriet Spanien in eine tiefe Rezession. Die Wirtschaftsleistung schrumpfte erheblich, und die Arbeitslosenquote stieg auf ein Rekordniveau, insbesondere unter jungen Menschen und im Bausektor.

Das spanische Bankensystem, vor allem die regionalen Sparkassen, war stark in den Immobilienmarkt involviert und erlitt massive Verluste. Dies führte zu einer Bankenkrise, die staatliche Rettungsmaßnahmen und ein internationales Hilfspaket erforderlich machte. Auch der Staatshaushalt geriet durch sinkende Einnahmen und steigende Ausgaben unter Druck, was strenge Sparmaßnahmen und umfassende Strukturreformen notwendig machte.

Langfristig hatte die Krise tiefgreifende Folgen für die spanische Wirtschaft und Gesellschaft. Strukturreformen, insbesondere im Arbeitsmarkt, wurden eingeführt, um die Wettbewerbsfähigkeit zu stärken. Gleichzeitig mussten viele Familien erhebliche soziale Einschnitte hinnehmen, und das Vertrauen in politische Institutionen wurde erschüttert. Spanien leidet weiterhin unter einer vergleichsweise hohen Arbeitslosigkeit, sozialen Ungleichheiten und den Folgen der Sparpolitik.

Trotz gewisser wirtschaftlicher Erholung und eines moderaten Wachstums in den letzten Jahren bleiben viele der strukturellen Probleme bestehen, die durch die Krise offengelegt wurden. Die Ereignisse von 2008 haben Spanien bis heute nachhaltig geprägt und verdeutlichen die Notwendigkeit weiterer Reformen, um langfristige Stabilität und Wohlstand zu gewährleisten.

Die spanische Wirtschaft befindet sich aktuell in einer relativ soliden Verfassung und verzeichnet ein kontinuierliches Wachstum, das in vielen Bereichen über dem Durchschnitt der Eurozone liegt. Besonders hervorzuheben ist der Tourismussektor, der eine tragende Rolle spielt und wesentlich zum Bruttoinlandsprodukt beiträgt. Spanien zählt weltweit zu den führenden Reisedestinationen, was nicht nur hohe Einnahmen, sondern auch eine große Zahl an Arbeitsplätzen generiert.

Ein weiterer wichtiger Faktor ist die verstärkte Ausrichtung auf erneuerbare Energien. Spanien hat in diesem Bereich erhebliche Investitionen getätigt und nimmt eine Vorreiterrolle beim Übergang zu einer nachhaltigeren Wirtschaft ein. Neben dem Tourismussektor und den erneuerbaren Energien bleibt die Industrieproduktion ein zentraler Bestandteil der Wirtschaft, insbesondere in Bereichen wie Automobilproduktion und Maschinenbau.

Arbeitsmarktreformen und Investitionen in Bildung haben in den letzten Jahren die Wettbewerbsfähigkeit des Landes gestärkt und neue Möglichkeiten für eine diversifizierte wirtschaftliche Basis geschaffen. Allerdings bleiben Herausforderungen wie eine nach wie vor vergleichsweise hohe Arbeitslosigkeit und regionale wirtschaftliche Unterschiede bestehen.

Einfluss der Regionalautonomie

Die Regionalautonomie in Spanien basiert auf der Verfassung von 1978, die das Land in einen dezentralisierten Einheitsstaat mit 17 autonomen Gemeinschaften (Comunidades Autónomas) und zwei autonomen Städten (Ceuta und Melilla) organisiert. Jede autonome Gemeinschaft hat eine eigene Regierung, ein Parlament und spezifische Kompetenzen, die in ihrem Autonomiestatut festgelegt sind. Zu den Zuständigkeitsbereichen der Regionen gehören unter anderem Bildung, Gesundheit, Kultur, Umwelt, Infrastruktur und Wirtschaftsförderung.

Einige Gemeinschaften, wie Katalonien, das Baskenland und Galicien, haben durch historische, kulturelle und sprachliche Besonderheiten erweiterte Autonomierechte, einschließlich eigener Amtssprachen und stärkerer Steuerhoheit. Diese Regionen können etwa bestimmte Steuern erheben oder anpassen. Die Autonomie erlaubt es den Regionen, ihre wirtschaftliche und administrative Entwicklung individuell zu gestalten, führt jedoch auch zu Unterschieden bei Steuern, Vorschriften und Förderprogrammen, die Unternehmen und Bürger betreffen. Gleichzeitig bleibt Spanien ein Einheitsstaat, in dem nationale Gesetze und die Verfassung Vorrang haben.

Die Autonomie der Regionen in Spanien hat wesentliche Auswirkungen auf die Gründung von Unternehmen, da die autonomen Gemeinschaften über weitreichende Kompetenzen in verschiedenen Bereichen verfügen. Dies führt dazu, dass bestimmte Aspekte der Unternehmensgründung von Region zu Region unterschiedlich geregelt sein können, was sich auf bürokratische Abläufe, steuerliche Belastungen und die allgemeinen Geschäftsbedingungen auswirkt. Nachfolgend werden die wichtigsten Auswirkungen der regionalen Autonomie auf die Unternehmensgründung dargestellt:

Unterschiedliche Bürokratie

Jede autonome Gemeinschaft kann eigene Verfahren und Anforderungen für die Genehmigung von Unternehmen und die Ausstellung bestimmter Lizenzen haben. Während die allgemeinen Regelungen für die Unternehmensgründung – wie die Eintragung ins Handelsregister oder die Vergabe der Steueridentifikationsnummer (NIF) – auf nationaler Ebene geregelt sind, fallen zahlreiche spezifische Genehmigungen und Verfahren in die Zuständigkeit der Regionen. Beispiele hierfür sind:

- **Betriebslizenzen** (Licencias de Apertura): Diese werden auf regionaler oder kommunaler Ebene ausgestellt. Die Anforderungen für eine Betriebsgenehmigung können je nach Region stark variieren.

- **Umweltauflagen:** Insbesondere in Bereichen wie Industrie, Landwirtschaft oder Energie unterliegt die Einhaltung von Umweltvorschriften regionalen Regelungen. Einige Regionen haben strengere Umweltstandards als andere.

- **Arbeitsrechtliche Vorschriften:** Obwohl das Arbeitsrecht national geregelt ist, können regionale Behörden spezifische Programme zur Regulierung von Arbeitsplätzen und zur Förderung der Beschäftigung einführen, die die Personalanstellung beeinflussen.

Steuerliche Unterschiede

Die autonomen Gemeinschaften haben in Spanien begrenzte Steuerhoheit, die sich auf bestimmte Steuerarten erstreckt. Dies kann die steuerliche Belastung eines Unternehmens erheblich beeinflussen:

- **Erbschafts- und Schenkungssteuer sowie Vermögenssteuer:** Die Regionen haben die Befugnis, diese Steuern zu senken, abzuschaffen oder mit Freibeträgen zu versehen. Das kann bei

23

Unternehmensnachfolgen oder der Übertragung von Vermögenswerten eine wichtige Rolle spielen.

- **Regionale Zuschläge auf Steuern**: Einige autonome Gemeinschaften können Zuschläge auf nationale Steuern wie die Einkommensteuer (IRPF) erheben, was die Steuerbelastung von Unternehmensinhabern je nach Standort beeinflusst.

- **Subventionen und Steueranreize**: Regionen bieten eigene steuerliche Anreize, um Investitionen in bestimmten Sektoren oder Gebieten zu fördern. Beispielsweise können in wirtschaftlich schwächeren Regionen Steuererleichterungen gewährt werden, um dort die Gründung von Unternehmen anzukurbeln.

Unterschiedliche Förderprogramme

Jede autonome Gemeinschaft entwickelt eigene Förderprogramme zur Unterstützung von Unternehmen. Diese Programme können Subventionen, zinsgünstige Kredite oder steuerliche Vergünstigungen umfassen. Sie sind oft auf spezifische Branchen oder lokale Bedürfnisse ausgerichtet. Beispiele hierfür sind:

- Förderprogramme für Start-ups in technologischen und innovativen Sektoren, die in Regionen wie Katalonien oder Madrid sehr ausgeprägt sind.

- Unterstützung für Unternehmen in ländlichen Gebieten, insbesondere in Regionen wie Kastilien-La Mancha oder Galicien, um die wirtschaftliche Entwicklung in strukturschwachen Gebieten zu fördern.

Kulturelle und sprachliche Besonderheiten

In Regionen mit starker kultureller und sprachlicher Identität, wie Katalonien, das Baskenland oder Galicien, kann die regionale Sprache im Geschäftsalltag eine wichtige Rolle spielen. Obwohl Spanisch die offizielle Landessprache ist, haben viele Regionen eigene Amtssprachen, die in Verwaltung und Geschäftsverkehr bevorzugt verwendet werden können. Unternehmen müssen sich darauf einstellen, dass in diesen Regionen Dokumente und Kommunikation in der regionalen Sprache verlangt werden können, was zusätzliche Übersetzungen oder sprachliche Anpassungen erforderlich macht.

Branchenspezifische Besonderheiten

Die Autonomie der Regionen ermöglicht es ihnen, spezifische Vorschriften für bestimmte Branchen zu erlassen. Dies betrifft insbesondere stark regulierte Bereiche wie:

- **Tourismus**: Regionen wie Andalusien, die Balearen oder die Kanarischen Inseln haben spezifische Vorschriften und Anforderungen für den Betrieb von Hotels, Ferienwohnungen und anderen touristischen Einrichtungen.

- **Energie und Umwelt**: Regionen mit starker Ausrichtung auf erneuerbare Energien, wie Navarra oder Andalusien, haben eigene Vorschriften und Förderprogramme für Investitionen in diesen Sektor.

- **Landwirtschaft**: Regionen mit landwirtschaftlichem Schwerpunkt, wie Kastilien-La Mancha oder Extremadura, regeln Aspekte wie den Zugang zu Wasserressourcen oder Umweltauflagen für landwirtschaftliche Betriebe.

Zugang zu regionalen Netzwerken und Ressourcen

Die autonomen Gemeinschaften bieten oft spezifische Unterstützungsstrukturen für Unternehmen, wie regionale Handelskammern, Wirtschaftsförderungsagenturen oder Start-up-Inkubatoren. Diese Einrichtungen helfen bei der Vermittlung von Geschäftskontakten, der Suche nach Finanzierungsmöglichkeiten und der Navigation durch die regionalen Regelungen.

Zonale Entwicklungsprogramme

Einige Regionen nutzen die ihnen gewährten Kompetenzen, um spezielle Entwicklungszonen zu schaffen. Diese Zonen bieten häufig steuerliche Anreize, vereinfachte Genehmigungsverfahren oder andere Vergünstigungen, um Investitionen anzuziehen. Beispiele hierfür sind die Sonderzonen für Logistik in Valencia oder die Industriegebiete in Navarra.

Unterschiede in der Infrastruktur

Die Entwicklung der Infrastruktur, wie Straßen, Schienennetze oder Häfen, wird in vielen Fällen auf regionaler Ebene geplant und verwaltet. Regionen mit gut ausgebauter Infrastruktur, wie Katalonien oder Madrid, bieten logistische Vorteile für Unternehmen, während in weniger entwickelten Regionen unter Umständen höhere Kosten für Logistik und Transport anfallen können.

Arbeitsmarkt und Beschäftigungsanreize

Obwohl die Grundprinzipien des Arbeitsrechts national geregelt sind, haben die Regionen Einfluss auf die Arbeitsmarktpolitik. Einige Regionen bieten spezifische Anreize zur Schaffung von Arbeitsplätzen, wie zinsgünstige Kredite oder Lohnsubventionen für Unternehmen, die lokale Arbeitskräfte einstellen.

Rechtsdurchsetzung und regionale Gerichte

Die Autonomie der Regionen erstreckt sich auch auf die Organisation der Justiz in bestimmten Bereichen. Die obersten Gerichte der autonomen Gemeinschaften (Tribunales Superiores de Justicia) haben Entscheidungsbefugnisse in regionalen Angelegenheiten, was unter Umständen dazu führen kann, dass rechtliche Streitigkeiten auf regionaler Ebene unterschiedlich behandelt werden.

Regionale Unterschiede

Spanien bietet mehrere Regionen, die sich durch ihre Investitionsfreundlichkeit und wirtschaftlichen Vorteile auszeichnen. Die autonome Gemeinschaft Madrid ist eines der wichtigsten Wirtschaftszentren des Landes und zieht aufgrund ihrer Infrastruktur, des dynamischen Arbeitsmarktes und der hohen Lebensqualität viele Investoren an. Katalonien, mit Barcelona als Wirtschaftsmetropole, ist besonders für seine industrielle Vielfalt, seinen Zugang zu internationalen Märkten und seinen Fokus auf Innovation bekannt. Das Baskenland punktet durch seine starke industrielle Basis und seine Spezialisierung auf fortschrittliche Sektoren wie Technologie und erneuerbare Energien.

Die Kanarischen Inseln bieten spezielle steuerliche Anreize, darunter die Zona Especial Canaria (ZEC), mit einem reduzierten Körperschaftssteuersatz von 4 %, was sie besonders attraktiv für Unternehmen mit internationaler Ausrichtung macht. Ceuta und Melilla zeichnen sich ebenfalls durch besondere Steuervergünstigungen aus, die Investitionen fördern sollen, insbesondere in den Bereichen Handel und Dienstleistungen. Andalusien und Valencia bieten zusätzlich Zugang zu großen Märkten und sind für ihre aufstrebenden Sektoren wie erneuerbare Energien und Agrartechnologie bekannt.

Die Wahl des richtigen Standorts in Spanien hängt von den individuellen Anforderungen und Strategien des Investors ab. Regionen mit steuerlichen Anreizen wie die Kanarischen Inseln, Ceuta oder Melilla können für steueroptimierte Investitionen attraktiv sein, während Madrid, Barcelona oder das Baskenland besonders für technologieorientierte oder groß angelegte Investitionen geeignet sind.

Bewertung von Autonomiebestrebungen

Die Autonomiebestrebungen in Spanien, insbesondere in Katalonien und dem Baskenland, sind tief in der Geschichte und Kultur des Landes verwurzelt und stellen eine zentrale Herausforderung für die nationale Einheit dar. Diese Bestrebungen zielen oft darauf ab, mehr Selbstverwaltung oder sogar die vollständige Unabhängigkeit von der spanischen Zentralregierung zu erlangen.

Aus wirtschaftlicher Sicht können solche Bewegungen sowohl Chancen als auch Risiken mit sich bringen. Politische Unsicherheiten, die mit Autonomiebestrebungen verbunden sind, können das Investitionsklima belasten, da Unternehmen Stabilität und klare rechtliche Rahmenbedingungen schätzen. Die Unsicherheit über die zukünftige politische und wirtschaftliche Struktur einer Region kann Investoren dazu veranlassen, vorsichtiger zu agieren oder ihre Investitionen in andere, stabilere Regionen zu verlagern.

Ein klarer Effekt solcher Bestrebungen zeigte sich in der Vergangenheit, als politische Spannungen zu wirtschaftlichen Verschiebungen führten, wie etwa der Verlagerung von Unternehmenssitzen aus betroffenen Regionen. Dennoch ist es wichtig zu beachten, dass die wirtschaftliche Infrastruktur in diesen Regionen oft stark ist, was langfristig weiterhin Investitionen anziehen kann, sofern politische Spannungen reduziert werden.

Die Auswirkungen auf Investitionen hängen letztlich davon ab, wie die Autonomiebestrebungen politisch gehandhabt werden. Ein konstruktiver Dialog zwischen der Zentralregierung und den Regionen kann dazu beitragen, Unsicherheiten zu verringern und die Attraktivität der Regionen als Investitionsstandorte zu erhalten. Politische Stabilität und die Fähigkeit, Differenzen friedlich und demokratisch zu lösen, sind Schlüsselfaktoren, die Investoren berücksichtigen.

Insgesamt sollten Autonomiebestrebungen nicht automatisch als Hindernis für Investitionen angesehen werden. Sie stellen vielmehr eine komplexe Herausforderung dar, die bei kluger Handhabung auch zur Stärkung der regionalen Wirtschaft und zur Förderung von

Innovation führen kann. Investoren sollten die Entwicklungen genau beobachten und ihre Entscheidungen auf der Grundlage der Stabilität und des langfristigen Potenzials der Region treffen.

Die besondere Rolle von KMU's in Spanien

Die Unternehmenslandschaft in Spanien wird maßgeblich von kleinen und mittleren Unternehmen (KMU) geprägt, die das Rückgrat der spanischen Wirtschaft bilden. Nach offiziellen Statistiken machen KMU über 99 % aller Unternehmen in Spanien aus und tragen einen erheblichen Anteil zum Bruttoinlandsprodukt (BIP) sowie zur Beschäftigung bei. Diese Unternehmen sind in nahezu allen Branchen vertreten, wobei sie insbesondere in den Bereichen Dienstleistungen, Handel, Tourismus, Bauwesen, Landwirtschaft und Industrie eine dominierende Rolle spielen.

Die Dienstleistungsbranche ist der stärkste Sektor, in dem KMU eine Schlüsselrolle einnehmen. Dieser umfasst sowohl traditionelle Dienstleistungen wie Handel, Gastronomie und Transport als auch wachstumsstarke Bereiche wie Technologie, Kommunikation und Finanzdienstleistungen. Der Handel – sowohl Groß- als auch Einzelhandel – ist besonders stark durch KMU geprägt, die lokale Märkte bedienen und die Nachfrage der Bevölkerung decken. Im Tourismussektor, der traditionell eine der wichtigsten Säulen der spanischen Wirtschaft ist, dominieren kleine Hotels, Pensionen, Restaurants, Reisebüros und Freizeitunternehmen. Spanien gehört zu den weltweit führenden Destinationen im internationalen Tourismus, was KMU in dieser Branche erhebliche Wachstumschancen bietet.

Im Bauwesen und in der Immobilienwirtschaft haben KMU ebenfalls eine zentrale Bedeutung. Insbesondere nach der Immobilienkrise hat sich der Sektor durch kleinere Bauunternehmen und spezialisierte Dienstleister neu strukturiert, die auf Renovierungen, nachhaltiges Bauen und städtische Infrastrukturprojekte fokussiert sind. Auch im Bereich der erneuerbaren Energien, einer Wachstumsbranche in Spanien, spielen KMU eine wesentliche Rolle, insbesondere durch spezialisierte Firmen, die sich auf Solartechnologie, Windkraft und Energieeffizienz konzentrieren.

Die Landwirtschaft und die Lebensmittelindustrie sind ebenfalls stark durch kleine und mittlere Unternehmen geprägt, die oft familiär geführt werden. Spanien ist einer der größten Produzenten von Agrarprodukten wie Olivenöl, Wein, Obst und Gemüse, und KMU dominieren diesen Sektor sowohl in der Produktion als auch in der Verarbeitung und Vermarktung. Regionale und hochwertige Produkte, die mit Herkunftsbezeichnungen wie „Denominación de Origen" geschützt sind, werden häufig von kleinen Betrieben hergestellt, die von der wachsenden Nachfrage nach nachhaltigen und lokalen Erzeugnissen profitieren.

In der Industrie spielen KMU eine bedeutende Rolle, insbesondere in der Textil-, Automobilzulieferer- und Metallverarbeitungsbranche. Viele dieser Unternehmen sind hochspezialisiert und agieren als Zulieferer für größere Firmen, sowohl im nationalen als auch im internationalen Markt. Ihre Flexibilität und Innovationskraft ermöglichen es ihnen, sich an wechselnde Marktbedingungen anzupassen und neue Geschäftsfelder zu erschließen.

KMU in Spanien stehen jedoch vor einer Reihe von Herausforderungen, darunter Zugang zu Finanzierung, Bürokratie und internationaler Wettbewerb. Trotz ihrer dominanten Stellung ist ihre Produktivität im Durchschnitt geringer als die von großen Unternehmen, was auf begrenzte Ressourcen und eingeschränkte Skaleneffekte zurückzuführen ist. Dennoch sind viele KMU in Spanien innovationsfähig und profitieren von Förderprogrammen der Regierung sowie von europäischen Fonds, die Investitionen in Digitalisierung, Nachhaltigkeit und Export fördern.

Die Unternehmenslandschaft Spaniens zeigt somit ein starkes Gewicht von KMU, die durch ihre Vielfalt, Flexibilität und lokale Verankerung die Grundlage für wirtschaftliches Wachstum, Beschäftigung und Innovation bilden.

Anforderungen an ausländische Unternehmer

Unternehmer aus EU-Mitgliedsstaaten bzw. assoziierten Staaten (EU, EWR, CH)

Grundlegende Anforderungen an ausländische Unternehmer in Spanien hängen maßgeblich vom Herkunftsland der Person ab, wobei zwischen EU-Bürgern und Drittstaatsangehörigen unterschieden wird. Für Staatsangehörige aus Ländern der Europäischen Union (EU), des Europäischen Wirtschaftsraums (EWR) und der Schweiz gelten vereinfachte Regelungen, da sie im Rahmen der Freizügigkeit keine Aufenthaltserlaubnis oder spezielle Arbeitsgenehmigung benötigen. Diese Personen dürfen sich uneingeschränkt in Spanien aufhalten und dort eine selbstständige oder unternehmerische Tätigkeit aufnehmen. Sie müssen sich lediglich bei den spanischen Behörden registrieren, wenn sie länger als drei Monate in Spanien bleiben oder dort dauerhaft leben und arbeiten möchten.

Die Registrierung erfolgt durch den Antrag auf eine sogenannte „Número de Identificación de Extranjero" (NIE), die als steuerliche Identifikationsnummer für alle wirtschaftlichen und rechtlichen Transaktionen dient. Die NIE ist eine zwingende Voraussetzung für die Gründung eines Unternehmens, die Eröffnung eines Bankkontos, den Abschluss von Verträgen sowie für alle weiteren administrativen Vorgänge. Der Antrag auf die NIE kann entweder bei den örtlichen Ausländerbehörden in Spanien (Oficina de Extranjeros) oder bei spanischen

Konsulaten im Herkunftsland gestellt werden. Für die Beantragung sind ein gültiger Reisepass oder Personalausweis sowie ein Nachweis über den Zweck der Beantragung, wie etwa ein Nachweis über geplante geschäftliche Aktivitäten, erforderlich. Die Bearbeitungszeiten variieren je nach Region, können aber in der Regel innerhalb weniger Wochen abgeschlossen werden.

Unternehmer aus Drittstaaten

Unternehmer aus Drittstaaten, die in Spanien ein Unternehmen gründen möchten, unterliegen besonderen gesetzlichen Anforderungen, die vor allem im Bereich Visum und Aufenthaltserlaubnis spezifisch geregelt sind. Während Staatsangehörige aus der EU oder dem EWR keine Aufenthaltsgenehmigung benötigen, müssen Drittstaatsangehörige ein Visum beantragen, das sie berechtigt, in Spanien eine unternehmerische Tätigkeit aufzunehmen. Dies ist der erste und unverzichtbare Schritt für die Unternehmensgründung.

Die häufigste Option für ausländische Unternehmer ist das **Visum für selbstständige Erwerbstätigkeit (Visado de Trabajo por Cuenta Propia)**. Dieses Visum ist für Personen vorgesehen, die in Spanien eine eigenständige Geschäftstätigkeit planen, sei es durch die Gründung eines Unternehmens oder durch die Aufnahme einer freiberuflichen Tätigkeit. Der Antrag auf dieses Visum muss bei der spanischen Botschaft oder dem Konsulat im Herkunftsland gestellt werden. Die Voraussetzungen sind umfangreich und umfassen die Vorlage eines detaillierten Geschäftsplans, der von den spanischen Behörden geprüft wird. Dieser Plan muss die wirtschaftliche Tragfähigkeit des Vorhabens darlegen, potenzielle Arbeitsplätze und Marktchancen analysieren sowie finanzielle Prognosen enthalten. Zusätzlich müssen Antragsteller nachweisen, dass sie über ausreichende finanzielle Mittel verfügen, um die geplante Investition zu decken und ihren Lebensunterhalt in Spanien zu sichern. Falls die geplante Tätigkeit besondere Qualifikationen erfordert, wie beispielsweise in technischen oder regulierten Berufen, müssen entsprechende Nachweise oder Zertifikate vorgelegt werden.

Für Unternehmer, die innovative Geschäftsideen mit hohem Mehrwert und einem Potenzial zur Schaffung von Arbeitsplätzen in Spanien verfolgen, bietet das **Unternehmervisum (Visado de Emprendedor)** eine attraktive Möglichkeit. Dieses Visum richtet sich an Personen, deren Projekte Innovation fördern und die wirtschaftliche Entwicklung Spaniens vorantreiben sollen. Der Antrag erfordert die Einreichung eines Geschäftsplans, der die innovativen Aspekte und den Beitrag des Unternehmens zur spanischen Wirtschaft hervorhebt. Dieser Plan wird vom spanischen Wirtschaftsministerium geprüft, das die Eignung des Projekts bewertet. Obwohl keine Mindestinvestitionssumme vorgegeben ist, müssen Antragsteller nachweisen, dass die finanziellen Mittel für die Umsetzung des Projekts sowie für ihren Lebensunterhalt ausreichen. Dieses Visum wird vor allem in Städten wie Madrid oder Barcelona häufig beantragt, da diese Zentren für Innovation und Start-ups sind.

Nach Erhalt des entsprechenden Visums muss der Antragsteller eine **Aufenthaltserlaubnis für selbstständige Erwerbstätigkeit** beantragen, sobald er in Spanien eingereist ist. Diese Aufenthaltserlaubnis wird von den spanischen Einwanderungsbehörden ausgestellt und ist in der Regel an die Fortführung der genehmigten Geschäftstätigkeit gebunden. Die Gültigkeit der Aufenthaltserlaubnis beträgt zunächst ein Jahr und kann verlängert werden, sofern die Geschäftstätigkeit erfolgreich fortgeführt wird und die wirtschaftlichen Anforderungen erfüllt sind.

Nach dem Austritt des Vereinigten Königreichs aus der Europäischen Union gelten britische Staatsbürger in Spanien als Drittstaatsangehörige. Daher unterliegen sie den allgemeinen Bestimmungen für Nicht-EU-Bürger, die in Spanien ein Unternehmen gründen möchten. Dies bedeutet, dass britische Unternehmer vor der Firmengründung in Spanien in der Regel ein entsprechendes Visum oder eine Aufenthaltserlaubnis beantragen müssen.

„Goldenes Visum"

Spanien hat gezielte Maßnahmen ergriffen, um ausländische Investitionen zu fördern und internationalen Investoren den Markteintritt zu erleichtern. Dies umfasst im Übrigen auch britische Staatsbürger, die nach dem Brexit als Drittstaatsangehörige behandelt werden. Besonders relevant ist in diesem Zusammenhang das Gesetz 14/2013 zur Unterstützung von Unternehmern und ihrer Internationalisierung. Dieses Gesetz ermöglicht es ausländischen Investoren, die bestimmte Voraussetzungen erfüllen, eine Aufenthaltsgenehmigung in Spanien zu beantragen. Ziel dieser Regelung ist es, wirtschaftliche Aktivitäten zu fördern und Spanien als attraktiven Standort für Investitionen zu positionieren.

Das Gesetz 14/2013 bietet verschiedene Möglichkeiten für Investoren, eine Aufenthaltsgenehmigung zu erlangen. Eine wichtige Voraussetzung ist eine substanzielle wirtschaftliche Investition in Spanien. Konkret kann eine Aufenthaltsgenehmigung beantragt werden, wenn mindestens eine der folgenden Bedingungen erfüllt ist:

- **Kapitalinvestitionen in spanische Unternehmen**: Eine direkte Investition von mindestens einer Million Euro in Eigenkapital von spanischen Unternehmen ist erforderlich. Alternativ können auch Investitionen in spanische Finanzinstrumente wie Anleihen oder Aktienfonds angerechnet werden.

- **Immobilienkäufe**: Investoren können eine Aufenthaltsgenehmigung erhalten, wenn sie Immobilien im Wert von mindestens 500.000 Euro in Spanien erwerben. Diese Regelung zielt darauf ab, den Immobilienmarkt zu beleben und ausländische Käufer anzuziehen.

- **Großprojekte mit wirtschaftlicher Bedeutung**: Projekte, die als von „allgemeinem Interesse" anerkannt werden, wie solche, die Arbeitsplätze schaffen, zur regionalen Entwicklung beitragen oder technologische Innovation fördern, können ebenfalls förderfähig sein.

Das Verfahren zur Beantragung einer Aufenthaltsgenehmigung im Rahmen des Gesetzes 14/2013 ist strukturiert. Zunächst muss der Investor die erforderlichen Nachweise für die getätigte Investition erbringen, etwa durch Vorlage von Kaufverträgen, Kontoauszügen oder offiziellen Bewertungsberichten. Diese Unterlagen werden zusammen mit dem Antrag auf eine Aufenthaltsgenehmigung beim zuständigen spanischen Konsulat oder bei der Ausländerbehörde in Spanien eingereicht.

Nach erfolgreicher Prüfung wird zunächst eine befristete Aufenthaltsgenehmigung für ein Jahr ausgestellt. Diese kann verlängert werden, sofern die Investition bestehen bleibt und der Antragsteller weiterhin die Voraussetzungen erfüllt. Es ist auch möglich, die Aufenthaltsgenehmigung auf Familienangehörige auszudehnen, was Spanien für ausländische Investoren noch attraktiver macht.

Die administrative Abwicklung erfolgt größtenteils digital, um den Prozess zu beschleunigen. Dennoch wird empfohlen, sich professionell beraten zu lassen, da das Verfahren komplex sein kann und verschiedene rechtliche sowie steuerliche Aspekte berücksichtigt werden müssen. Die Aufenthaltsgenehmigung gewährt dem Investor zudem Zugang zu den Schengen-Staaten, was Spanien zu einem strategisch günstigen Standort für internationale Geschäftsaktivitäten macht.

Identifikationsnummer

Unabhängig vom Visumtyp müssen alle ausländischen Unternehmer eine **Ausländer-Identifikationsnummer (NIE)** beantragen. Die NIE ist eine steuerliche Identifikationsnummer, die für alle wirtschaftlichen, steuerlichen und rechtlichen Transaktionen in Spanien erforderlich ist. Ohne die NIE ist es beispielsweise nicht möglich, ein Unternehmen ins Handelsregister einzutragen, ein Geschäftskonto zu eröffnen oder Rechnungen auszustellen. Die NIE kann bei der zuständigen Ausländerbehörde in Spanien oder vorab bei einem spanischen Konsulat im Herkunftsland beantragt werden.

Darüber hinaus müssen sich ausländische Unternehmer bei der spanischen Steuerbehörde (Agencia Tributaria) registrieren, um eine Steueridentifikationsnummer (Número de Identificación Fiscal, NIF) zu erhalten. Die NIF ist unerlässlich für alle Steuerangelegenheiten, einschließlich der Einreichung von Steuererklärungen und der Abführung der Mehrwertsteuer (IVA). Unternehmer, die Mitarbeiter beschäftigen, müssen sich zusätzlich bei der spanischen Sozialversicherung (Seguridad Social) anmelden und regelmäßig Beiträge für sich selbst und ihre Mitarbeiter abführen.

Je nach Art der Geschäftstätigkeit können zusätzliche Genehmigungen erforderlich sein (dazu später).

Zusätzlich müssen Drittstaatsangehörige sicherstellen, dass sie die lokalen Vorschriften der autonomen Gemeinschaften beachten, in denen sie ihr Unternehmen gründen möchten. Die Anforderungen und Verfahren können sich je nach Region unterscheiden, insbesondere bei der Erteilung von Betriebslizenzen oder Umweltgenehmigungen. Unternehmer sollten deshalb die regionalen Besonderheiten berücksichtigen und gegebenenfalls lokale Berater hinzuziehen, um sicherzustellen, dass alle Anforderungen erfüllt werden.

Abschließend ist zu beachten, dass der gesamte Prozess der Visabeantragung, der Einholung notwendiger Genehmigungen und der Registrierung mit erheblichem bürokratischem Aufwand – auch zeitlicher Art - verbunden sein kann.

Die Anerkennung beruflicher Qualifikationen von Ausländern

In Spanien sind regulierte Berufe solche, deren Ausübung gesetzlich geschützten Anforderungen unterliegt. Diese Berufe dürfen nur von Personen ausgeübt werden, die bestimmte Qualifikationen, Zulassungen oder Genehmigungen vorweisen können. Die Regulierung erfolgt, um hohe Standards in Bereichen zu gewährleisten, die Gesundheit, Sicherheit oder das öffentliche Interesse betreffen. Regulierte Berufe sind in Spanien in

41

verschiedenen Sektoren angesiedelt. Nachfolgend sind die wichtigsten Beispiele aufgeführt:

Gesundheitswesen

- **Ärzte (Médicos)**: Erfordert ein abgeschlossenes Medizinstudium und eine Registrierung bei der Ärztekammer.

- **Zahnärzte (Dentistas)**: Benötigen einen anerkannten Abschluss in Zahnmedizin und eine Registrierung.

- **Apotheker (Farmacéuticos)**: Ein Abschluss in Pharmazie sowie die Eintragung in das Apothekerregister sind erforderlich.

- **Krankenschwestern und -pfleger (Enfermeros/as)**: Benötigen ein anerkanntes Krankenpflegeexamen.

- **Tierärzte (Veterinarios)**: Ein Studium der Veterinärmedizin und die Mitgliedschaft in der zuständigen Kammer sind erforderlich.

Rechtswesen

- **Rechtsanwälte (Abogados)**: Erfordert ein abgeschlossenes Jurastudium, die Ablegung eines

Masterabschlusses (Máster de Abogacía) sowie die Mitgliedschaft in der Anwaltskammer.

- **Notare (Notarios)**: Benötigen ein Jurastudium, das Bestehen eines anspruchsvollen Staatsexamens und die Ernennung durch das Justizministerium.

- **Gerichtsvollzieher und öffentliche Verwalter (Procuradores)**: Erfordern spezifische Qualifikationen und eine Registrierung.

Ingenieurwesen und Architektur

- **Architekten (Arquitectos)**: Benötigen ein abgeschlossenes Architekturstudium und die Mitgliedschaft in der Architektenkammer.

- **Bauingenieure (Ingenieros de Caminos, Canales y Puertos)**: Erfordern ein Ingenieurstudium mit Spezialisierung und Registrierung bei der Kammer.

- **Technische Ingenieure (Ingenieros Técnicos)**: Müssen ebenfalls eine Registrierung vornehmen, die vom spezifischen Fachgebiet abhängt.

Bildungswesen

- **Lehrer (Profesores):** Die Lehrbefugnis hängt vom Niveau (Grundschule, Sekundarstufe oder Universität) ab und erfordert je nach Bereich spezifische Qualifikationen.

- **Universitätsdozenten (Profesores Universitarios):** Müssen bestimmte akademische Grade und Zulassungen nachweisen, einschließlich einer wissenschaftlichen Evaluierung.

Transport und Luftfahrt

- **Piloten (Pilotos de Aviación):** Erfordern spezifische Lizenzen und Prüfungen, die von der Luftfahrtbehörde kontrolliert werden.

- **Kapitäne und Schiffsoffiziere (Capitanes y Oficiales de Marina):** Benötigen spezialisierte maritime Zertifikate.

- **Bus- und Lkw-Fahrer (Conductores Profesionales):** Müssen zusätzlich zum Führerschein spezifische Befähigungsnachweise (CAP) vorlegen.

Technologie und Energie

- **Elektriker (Electricistas)** und **Techniker in der Energiebranche**: Müssen häufig Lizenzen für bestimmte Tätigkeiten beantragen, insbesondere im Bereich der Installation und Wartung von Anlagen.

- **Telekommunikationsingenieure (Ingenieros de Telecomunicación)**: Benötigen eine Registrierung und bestimmte Qualifikationen, um regulierte Arbeiten durchzuführen.

Finanz- und Wirtschaftssektor

- **Wirtschaftsprüfer (Auditores)**: Erfordern ein Studium in Wirtschaftswissenschaften, spezifische Zusatzqualifikationen und die Registrierung.

- **Steuerberater (Asesores Fiscales)**: Müssen spezielle Anforderungen erfüllen, wenn sie in bestimmten regulierten Bereichen tätig sind.

- **Aktuare (Actuarios)**: Benötigen spezifische Lizenzen im Versicherungs- und Finanzwesen.

Weitere Berufe

- **Applikateure und technische Inspektoren (Inspectores Técnicos)**: In Branchen wie Automobil, Bauwesen oder Industrie reguliert.

- **Pharmakologen und chemische Techniker (Farmacólogos, Técnicos Químicos)**: Benötigen spezifische Qualifikationen.

- **Tourismusführer (Guías Turísticos)**: Müssen regionale Genehmigungen und spezifische Qualifikationen vorweisen.

Die genauen Anforderungen an diese Berufe sind durch spanische Gesetze und europäische Richtlinien geregelt. Für ausländische Fachkräfte, die in einem regulierten Beruf in Spanien arbeiten möchten, ist die Anerkennung ihrer Qualifikationen durch die zuständigen Behörden unerlässlich.

Die Anerkennung beruflicher Qualifikationen von Ausländern in Spanien ist ein essenzieller Bestandteil des Prozesses für Personen, die eine Tätigkeit in einem regulierten Berufsfeld aufnehmen oder ein Unternehmen in einem spezifischen Bereich gründen möchten. Regulierte Berufe sind Tätigkeiten, für die gesetzlich vorgeschriebene Qualifikationen oder Zertifikate erforderlich sind, wie etwa in der Medizin, im Ingenieurwesen, in der Rechtsberatung, im Bauwesen oder im Bildungswesen. Die Anerkennung dieser Qualifikationen erfolgt durch verschiedene spanische Behörden, abhängig von der Art der Qualifikation, dem Herkunftsland und dem angestrebten Tätigkeitsfeld.

Für EU-Bürger und Bürger des Europäischen Wirtschaftsraums (EWR) gelten erleichterte Bedingungen, da Spanien im Rahmen der EU-Berufsanerkennungsrichtlinie (Richtlinie 2005/36/EG) verpflichtet ist, berufliche Qualifikationen aus anderen Mitgliedsstaaten anzuerkennen. Dies betrifft insbesondere Berufe, die in der gesamten EU einheitlich geregelt sind, wie Ärzte, Zahnärzte, Apotheker, Architekten oder Krankenschwestern. Die Anerkennung erfolgt in diesen Fällen meist durch ein vereinfachtes Verfahren, bei dem die zuständige Behörde überprüft, ob die im Herkunftsland erworbenen Qualifikationen den spanischen Anforderungen entsprechen. Oft sind lediglich Übersetzungen und Beglaubigungen der Dokumente erforderlich, und die Entscheidung wird innerhalb einer gesetzlich festgelegten Frist getroffen.

Für Drittstaatsangehörige ist der Prozess komplexer, da die Anerkennung nicht automatisch erfolgt und die Qualifikationen einer detaillierten Prüfung unterzogen werden. Diese Prüfung erfolgt durch die zuständigen spanischen Behörden, die beurteilen, ob die vorgelegten Qualifikationen gleichwertig zu den spanischen Standards sind. Der erste Schritt besteht in der Antragstellung auf Anerkennung der Qualifikation („Homologación") oder Gleichwertigkeit („Equivalencia"), je nachdem, ob es sich um einen akademischen Abschluss oder eine berufliche Qualifikation handelt. Die „Homologación" wird für Qualifikationen benötigt, die in regulierten Berufen erforderlich sind, während die „Equivalencia" für akademische Grade oder nicht-regulierte Berufe angewandt wird.

Der Antrag auf Anerkennung wird in der Regel beim spanischen Bildungsministerium (Ministerio de Educación y Formación Profesional) eingereicht, wenn es sich um akademische Abschlüsse handelt, oder bei spezifischen Fachbehörden für berufsbezogene Qualifikationen, wie etwa dem Gesundheitsministerium oder Ingenieurkammern. Antragsteller müssen beglaubigte Kopien ihrer Abschlüsse, Studienpläne, Zeugnisse und gegebenenfalls Nachweise über berufliche Erfahrung vorlegen. Diese Unterlagen müssen ins Spanische übersetzt und oft von einem vereidigten Übersetzer beglaubigt sein. Die zuständigen Behörden prüfen, ob die Inhalte und der Umfang der im Ausland erworbenen Qualifikationen den spanischen Standards entsprechen. Bei wesentlichen Unterschieden kann die Anerkennung verweigert oder an die Bedingung geknüpft werden, zusätzliche Prüfungen oder Anpassungsmaßnahmen zu absolvieren.

In einigen Fällen müssen Antragsteller eine sogenannte „Prüfung zur Anpassung der Qualifikation" (Prueba de Aptitud) bestehen oder einen Anpassungslehrgang absolvieren, um fehlende Kompetenzen nachzuweisen. Dies ist häufig der Fall in Berufen mit hohen Sicherheits- oder Gesundheitsanforderungen, wie etwa bei Ärzten,

Ingenieuren oder Piloten. Der Anpassungsprozess ist individuell und wird von der jeweiligen Behörde festgelegt. Für qualifizierte Fachkräfte aus Drittstaaten, die in Berufen wie Krankenpflege oder Technik tätig sind, gibt es auch die Möglichkeit, durch Weiterbildungskurse oder praktische Erfahrungen die erforderlichen Standards zu erfüllen und die Anerkennung zu erhalten.

Neben der beruflichen Anerkennung spielt die Anerkennung akademischer Abschlüsse eine wichtige Rolle, insbesondere für Personen, die planen, in Spanien ein Unternehmen zu gründen oder in einer hochqualifizierten Position tätig zu sein. Akademische Abschlüsse wie Bachelor-, Master- oder Doktorgrade, die an ausländischen Universitäten erworben wurden, müssen beim Bildungsministerium homologiert werden, wenn sie für berufliche Zwecke verwendet werden sollen. Die Anerkennung von Hochschulabschlüssen ist in Spanien oft zeitaufwendig und erfordert eine umfassende Dokumentation. Auch hier wird geprüft, ob die Inhalte und der Umfang des Studiums mit den spanischen Vorgaben übereinstimmen.

Ein weiterer wichtiger Aspekt ist die regionale Kompetenz bei der Anerkennung bestimmter Qualifikationen. In einigen autonomen Gemeinschaften wie Katalonien, dem Baskenland oder Galicien, die in Bildungs- und Berufsfragen eigene Zuständigkeiten haben, können spezifische regionale Vorschriften gelten. In solchen Fällen erfolgt die Anerkennung durch regionale Behörden oder Institutionen, und die Anforderungen können von denen der zentralen Regierung abweichen. Dies betrifft insbesondere Berufe im Bildungswesen oder im Bereich der lokalen Verwaltung.

In der Praxis empfiehlt es sich, den Anerkennungsprozess frühzeitig zu beginnen, da die Bearbeitungszeiten je nach Komplexität und Behörde mehrere Monate bis über ein Jahr dauern können. Angesichts der Vielzahl an Anforderungen und der detaillierten Prüfung durch die spanischen Behörden ist es ratsam, professionelle Unterstützung durch spezialisierte Berater oder Rechtsanwälte in Anspruch zu nehmen, um den Prozess effizient und erfolgreich abzuschließen.

Sprachliche und kulturelle Herausforderungen

Spanischkenntnisse spielen eine wichtige Rolle für ausländische Unternehmer in Spanien, da sie für eine effektive Kommunikation mit Behörden, Geschäftspartnern und Kunden unerlässlich sind. Die meisten administrativen Vorgänge, wie die Beantragung von Genehmigungen, die Registrierung von Unternehmen oder steuerliche Angelegenheiten, werden ausschließlich auf Spanisch durchgeführt. Dies gilt auch für die meisten schriftlichen Dokumente, die bei Behörden oder Institutionen eingereicht werden müssen. Ohne ausreichende Sprachkenntnisse können Behördengänge unnötig kompliziert und zeitaufwendig werden, was die Gründung und den Betrieb eines Unternehmens erheblich erschweren kann.

Auch im geschäftlichen Kontext sind Spanischkenntnisse entscheidend. Während in großen Städten wie Madrid, Barcelona oder Valencia und in internationalen Unternehmen Englisch häufig gesprochen wird, ist Spanisch in den meisten Geschäftsbereichen die dominierende Sprache. Dies betrifft insbesondere die Interaktion mit lokalen Partnern, Lieferanten und Kunden, die oft kein Englisch sprechen. Unternehmer, die die Landessprache beherrschen, können nicht nur Missverständnisse vermeiden, sondern auch Vertrauen aufbauen, was für die Entwicklung erfolgreicher Geschäftsbeziehungen von großer Bedeutung ist.

Neben der Sprache ist das Verständnis der kulturellen Normen und Gepflogenheiten in Spanien ein wesentlicher Faktor für den geschäftlichen Erfolg. Die spanische Geschäftskultur legt großen Wert auf persönliche Beziehungen und Vertrauen. Oft werden geschäftliche Entscheidungen stark von persönlichen Kontakten beeinflusst, und es ist üblich, Zeit in den Aufbau und die Pflege solcher Beziehungen zu investieren. Ein freundlicher, respektvoller Umgang und das Interesse an der Kultur des Gegenübers werden geschätzt und können langfristig geschäftliche Vorteile bringen.

Die Wahrnehmung von Zeit und Pünktlichkeit in Spanien kann sich ebenfalls von der in anderen Ländern unterscheiden. Während Pünktlichkeit bei geschäftlichen Terminen grundsätzlich erwartet wird, können zeitliche Abweichungen, insbesondere in informelleren Zusammenhängen, als akzeptabel gelten. Geduld und

Flexibilität sind oft gefragt, insbesondere bei Verhandlungen oder bei der Zusammenarbeit mit Behörden, da Entscheidungen manchmal mehr Zeit in Anspruch nehmen als erwartet.

Die regionale Vielfalt Spaniens bringt zusätzliche kulturelle Aspekte mit sich. In autonomen Gemeinschaften wie Katalonien, dem Baskenland oder Galicien können neben Spanisch auch regionale Sprachen wie Katalanisch, Baskisch oder Galicisch verwendet werden. Unternehmer sollten sich mit diesen regionalen Besonderheiten vertraut machen, da die Wertschätzung lokaler Identitäten einen positiven Einfluss auf Geschäftsbeziehungen haben kann.

Rechtsformen von Unternehmen in Spanien

In Spanien existieren verschiedene Rechtsformen für Unternehmen, die sich in Struktur, Haftung und Anforderungen unterscheiden.

Zu den wichtigsten zählen das Einzelunternehmen, die Gesellschaft mit beschränkter Haftung (Sociedad de Responsabilidad Limitada, S.L.), die Aktiengesellschaft (Sociedad Anónima, S.A.), Personengesellschaften wie die Kollektivgesellschaft und die Kommanditgesellschaft sowie Genossenschaften und Zweigniederlassungen für ausländische Unternehmen.

Die S.L. ist besonders beliebt bei kleinen und mittleren Unternehmen, da sie eine Haftungsbeschränkung bietet und mit einem vergleichsweise geringen Mindestkapital gegründet werden kann.

Im europäischen Vergleich weisen die Rechtsformen Ähnlichkeiten mit anderen Ländern wie Deutschland, Frankreich und Italien auf. So entspricht die S.L. weitgehend der deutschen GmbH oder der französischen SARL. Im Gegensatz zu Deutschland ist das Mindestkapital für eine S.L. mit 3.000 Euro jedoch deutlich niedriger. Spanien bietet darüber hinaus einen vergleichsweise weniger bürokratischen Prozess für Unternehmensgründungen, was insbesondere für ausländische Investoren attraktiv ist. Dies erleichtert den Markteintritt und macht Spanien für kleine und mittlere Unternehmen interessant, während die grundlegenden rechtlichen Strukturen denen anderer europäischer Länder ähneln.

Im Einzelnen:

Einzelunternehmen (Empresario Individual)

Das Einzelunternehmen (Empresario Individual) in Spanien ist eine der einfachsten und schnellsten Möglichkeiten, ein Unternehmen zu gründen. Es ist besonders geeignet für kleine Unternehmen, Freiberufler und Selbstständige, die keinen hohen Verwaltungsaufwand benötigen. Die Gründung erfolgt unkompliziert, da keine Mindestkapitaleinlage erforderlich ist. Der

Unternehmer registriert sich lediglich beim Handelsregister und beim Finanzamt, um steuerrechtliche und sozialversicherungsrechtliche Anforderungen zu erfüllen.

Die Haftung des Einzelunternehmers ist unbeschränkt, was bedeutet, dass er mit seinem gesamten persönlichen Vermögen für die Verbindlichkeiten des Unternehmens haftet. Dies stellt ein erhebliches finanzielles Risiko dar, insbesondere wenn größere Investitionen oder Risiken bestehen. Es gibt keine Trennung zwischen privatem und geschäftlichem Vermögen.

Formalitäten sind minimal: Der Unternehmer muss sich bei der Sozialversicherung als Selbstständiger anmelden (Régimen Especial de Trabajadores Autónomos, RETA) und die steuerliche Identifikationsnummer (NIF) beantragen. Buchhalterische und steuerliche Pflichten umfassen die Abgabe von Einkommenssteuererklärungen und gegebenenfalls die Mehrwertsteuer.

Im europäischen Vergleich ist das spanische Einzelunternehmen mit ähnlichen Rechtsformen in anderen Ländern vergleichbar, wie etwa dem deutschen Einzelunternehmer, dem französischen "Entreprise Individuelle" oder dem italienischen "Impresa Individuale". In allen Fällen ist die Haftung unbeschränkt, und die Gründung erfordert keine Kapitalaufbringung. Unterschiede bestehen vor allem in den steuerlichen Regelungen, den Sozialversicherungssystemen und den spezifischen Anforderungen an die Buchhaltung. Spanien bietet mit dem RETA-System jedoch ein strukturiertes Modell für

Selbstständige, das ähnliche Vorteile und Pflichten wie in Deutschland oder Frankreich umfasst.

Gesellschaft mit beschränkter Haftung (Sociedad de Responsabilidad Limitada, S.L.)

Die **Sociedad de Responsabilidad Limitada (S.L.)** ist die beliebteste Rechtsform für kleine und mittlere Unternehmen in Spanien. Sie zeichnet sich durch eine einfache Struktur, beschränkte Haftung und moderate Gründungsanforderungen aus, was sie für Unternehmer attraktiv macht.

Die **Gründung** einer S.L. erfordert ein Mindeststammkapital von 3.000 Euro, das vollständig eingebracht werden muss. Die Gesellschaft muss notariell beurkundet werden, und die Eintragung ins Handelsregister (Registro Mercantil) ist verpflichtend. Neben der Gesellschaftssatzung (Estatutos Sociales) wird auch eine steuerliche Identifikationsnummer (NIF) beantragt. Die Gründung dauert in der Regel wenige Wochen und kann mit digitalen Verfahren beschleunigt werden.

Die **Haftung** der Gesellschafter ist auf ihre Einlage beschränkt, wodurch ihr persönliches Vermögen geschützt ist. Diese Trennung von Gesellschafts- und Privatvermögen ist einer der Hauptvorteile gegenüber einem Einzelunternehmen. Die Haftungsbeschränkung gilt jedoch nur, wenn die gesetzlichen Anforderungen korrekt erfüllt werden.

Die **Formalien** umfassen die Führung einer doppelten Buchhaltung, die Erstellung von Jahresabschlüssen und die Einhaltung steuerlicher Verpflichtungen, darunter Körperschaftssteuer (Impuesto sobre Sociedades) und gegebenenfalls Mehrwertsteuer (IVA). Die Verwaltungsaufgaben sind umfangreicher als bei einem Einzelunternehmen, jedoch weniger komplex als bei einer Aktiengesellschaft (S.A.).

Im **europäischen Vergleich** ist die S.L. der deutschen Gesellschaft mit beschränkter Haftung (GmbH), der französischen Société à Responsabilité Limitée (SARL) und der italienischen Società a Responsabilità Limitata (SRL) sehr ähnlich. In Spanien ist das Mindestkapital mit 3.000 Euro niedriger als bei der deutschen GmbH (mindestens 25.000 Euro, davon 12.500 Euro bei Gründung) und vergleichbar mit den Anforderungen in Frankreich und Italien. Die Haftungsregeln sind in allen Ländern ähnlich, wobei Spanien mit digitalen Gründungsverfahren eine zügige und kosteneffiziente Alternative bietet.

Die S.L. ist daher eine attraktive Option für Unternehmer, die eine haftungsbeschränkte und überschaubar regulierte Unternehmensform suchen.

Gründung der S.L.

Die Gründung einer **Sociedad de Responsabilidad Limitada (S.L.)** in Spanien ist ein klar geregelter Prozess, der jedoch je nach Region und gewähltem Verfahren (digital oder traditionell) leicht variieren kann. Hier eine detaillierte Übersicht des Gründungsverfahrens:

1. Wahl des Firmennamens

Beschreibung: Der gewünschte Firmenname muss einzigartig sein und bei der spanischen Handelsregisterzentrale (Registro Mercantil Central, RMC) beantragt werden.

- **Kosten:** Ca. 15–25 Euro.

- **Dauer:** 1–3 Werktage.

- **Hinweis:** Es ist ratsam, mehrere Alternativen anzugeben, um Verzögerungen zu vermeiden.

2. Erstellung der Gesellschaftssatzung (Estatutos Sociales)

Beschreibung: Die Satzung legt grundlegende Aspekte wie Geschäftszweck, Sitz, Kapitalstruktur und interne Regelungen fest. Sie wird meist mit Unterstützung eines Notars oder Anwalts erstellt.

- **Kosten:** Zwischen 100 und 300 Euro, abhängig von der Komplexität.

- **Dauer:** 1–2 Tage (bei standardisierten Satzungen schneller). Ein Notar oder Rechtsanwalt ist nicht zwingend erforderlich (außer bei der Gründungsurkunde, siehe unten)

3. Einzahlung des Stammkapitals

Beschreibung: Das Mindeststammkapital beträgt 3.000 Euro. Es wird auf ein speziell eröffnetes Bankkonto eingezahlt, und die Bank stellt eine Bestätigung (Certificación Bancaria) aus.

- **Kosten:** Keine direkten Kosten (außer Kontoführungsgebühren).

- **Dauer:** In der Regel sofort, die Ausstellung der Bescheinigung kann 1–2 Tage dauern.

4. Notarielle Beurkundung

Beschreibung: Der Notar erstellt die Gründungsurkunde (Escritura de Constitución), die die Gesellschaft offiziell ins Leben ruft. Dafür müssen alle Gesellschafter (oder ihre Vertreter) anwesend sein.

- **Kosten:** 150–300 Euro, abhängig vom Stammkapital und der Region.

- **Dauer:** 1–3 Tage, abhängig von der Verfügbarkeit des Notars.

5. Eintragung ins Handelsregister

Beschreibung: Die notariell beurkundete Satzung wird beim örtlichen Handelsregister (Registro Mercantil Provincial) eingereicht. Die Gesellschaft erhält erst durch diese Eintragung ihre Rechtspersönlichkeit.

- **Kosten:** Ca. 100–200 Euro.

- **Dauer:** 5–15 Werktage, abhängig von der Region.

6. Steuerliche Registrierung

Beschreibung: Die Gesellschaft muss beim Finanzamt (Agencia Tributaria) registriert werden und eine steuerliche Identifikationsnummer (Número de Identificación Fiscal, NIF) beantragen. Zunächst wird eine vorläufige NIF ausgestellt, die nach der Handelsregistereintragung in eine endgültige umgewandelt wird.

- **Kosten:** Keine.

- **Dauer:** Vorläufige NIF: 1–2 Tage; endgültige NIF: nach Eintragung ins Handelsregister.

7. Anmeldung bei der Sozialversicherung

Beschreibung: Die Gesellschaft wird beim spanischen Sozialversicherungssystem registriert, insbesondere für Mitarbeiteranmeldungen.

- **Kosten:** Keine direkten Kosten, außer Sozialversicherungsbeiträgen.

- **Dauer:** 1–3 Tage.

In Spanien ist auch die Anmeldung von Geschäftsführern bei der Sozialversicherung erforderlich, wobei die Einstufung davon abhängt, ob der Geschäftsführer abhängig beschäftigt oder als Selbstständiger gilt. Geschäftsführer ohne wesentliche Kapitalbeteiligung, die weniger als 25 % der Anteile halten und weisungsgebunden sind, werden im allgemeinen Sozialversicherungsregime (Régimen General) geführt. Sie gelten als Arbeitnehmer der Gesellschaft und haben Anspruch auf Leistungen wie Arbeitslosenversicherung und Krankengeld, wobei sowohl Arbeitgeber- als auch Arbeitnehmerbeiträge gezahlt werden. Geschäftsführer mit mehr als 25 % Kapitalbeteiligung oder Kontrollfunktion werden hingegen dem Sonderregime für Selbstständige (Régimen Especial de Trabajadores Autónomos, RETA) zugeordnet. Hier zahlen sie die Beiträge selbst und haben keinen Anspruch auf Arbeitslosenversicherung. Die Anmeldung erfolgt vor Beginn der Tätigkeit bei der Sozialversicherung, wobei die monatlichen Beiträge je nach Regime und Einkommen variieren. Eine Nichtanmeldung kann rechtliche Konsequenzen wie Bußgelder oder Nachzahlungen nach sich ziehen, weshalb Unternehmer die Sozialversicherungspflicht sorgfältig beachten sollten.

Geschäftsführer, die dem **Sonderregime für Selbstständige (RETA)** angehören, haben ebenfalls Anspruch auf die öffentliche Krankenversicherung. Hier werden die Beiträge jedoch vollständig vom Geschäftsführer selbst getragen. Obwohl der Schutzumfang grundsätzlich gleich ist, gibt es Unterschiede in den Leistungen, beispielsweise beim Krankengeld, das für Selbstständige oft weniger großzügig ist.

8. Zusätzliche Anforderungen

Beschreibung: Je nach Geschäftstätigkeit können weitere Lizenzen oder Genehmigungen erforderlich sein, z. B. eine Betriebslizenz (Licencia de Apertura) von der lokalen Gemeinde. Dies variiert stark regional und nach Art des Unternehmens. Siehe oben: Branchenspezifische Besonderheiten.

- **Kosten:** Zwischen 50 und 500 Euro, abhängig von der Gemeinde und der Art der Lizenz.

- **Dauer:** 1 Woche bis mehrere Monate, je nach Verfahren und Region.

Regionale Unterschiede

In einigen Regionen, insbesondere in wirtschaftlich aktiven Zentren wie Madrid, Barcelona oder Valencia, gibt es digitale Gründungsportale, die den Prozess erheblich beschleunigen können. In weniger zentralen Regionen kann der Prozess traditionell langsamer und papierbasierter sein. Zudem variieren die Kosten für notariellen Beurkundungen und Handelsregistereintragungen leicht zwischen den Provinzen.

Gesamtkosten und Dauer

- **Gesamtkosten:** 500–1.500 Euro (abhängig von Notar, Lizenzen und sonstigen Anforderungen).

- **Dauer:** 2–4 Wochen bei gut organisiertem Verfahren; bei zusätzlichen Lizenzen oder Genehmigungen kann es länger dauern.

Zusätzliche Hinweise

Für eine beschleunigte Gründung kann das CIRCE-System (Centro de Información y Red de Creación de Empresas) genutzt werden, ein digitales Portal des spanischen Wirtschaftsministeriums. Hier kann die Gründung in wenigen Tagen erfolgen, vorausgesetzt, die Anforderungen (Standard-Satzungen und digitales Zertifikat) werden erfüllt.

Die Gründungskosten und -dauer sind im europäischen Vergleich moderat. Spanien bietet insbesondere durch das digitale Verfahren eine relativ effiziente Alternative, wenngleich der bürokratische Aufwand höher bleibt als in einigen anderen Ländern wie Estland oder den Niederlanden.

Aktiengesellschaft (Sociedad Anónima, S.A.)

Die Gründung einer **Sociedad Anónima (S.A.)** in Spanien ist umfangreicher und komplexer als die einer Sociedad de Responsabilidad Limitada (S.L.), da die S.A. insbesondere für größere Unternehmen mit höherem Kapitalbedarf und potenziellen Kapitalmarktaktivitäten vorgesehen ist.

Gründung der Sociedad Anónima

1. Wahl des Firmennamens

Wie bei der S.L. muss der Firmenname einzigartig sein und wird beim Registro Mercantil Central (RMC) beantragt. Die Kosten belaufen sich auf etwa **15–25 Euro**, und die Dauer beträgt **1–3 Werktage**.

2. Erstellung der Gesellschaftssatzung (Estatutos Sociales)

Die Satzung der S.A. muss umfangreicher sein als die einer S.L., da sie Regeln zur Aktienausgabe, Aktionärsrechten und Kapitalstrukturen enthalten muss. Sie wird meist durch einen Rechtsanwalt erstellt, was Kosten von **300–600 Euro** verursachen kann. Dies dauert etwa **2–3 Tage**, abhängig von der Komplexität.

3. Einzahlung des Mindestkapitals

Das Mindeststammkapital für eine S.A. beträgt **60.000 Euro**, von denen mindestens 25 % bei der Gründung eingezahlt werden müssen (also mindestens 15.000 Euro). Die Einzahlung erfolgt auf ein Bankkonto der Gesellschaft, und die Bank stellt eine Bescheinigung (Certificación Bancaria) aus. Das verbleibende Kapital kann durch Aktionäre nachträglich eingebracht werden. Diese Phase dauert etwa **1–3 Tage** und ist kostenfrei, abgesehen von eventuellen Kontogebühren.

4. Notarielle Beurkundung

Die Gesellschaft wird durch eine notarielle Urkunde (Escritura de Constitución) offiziell gegründet. Die Urkunde enthält die Gesellschaftssatzung, die Bankbescheinigung und die Identifikationsdaten der Gründer. Die Kosten für den Notar liegen zwischen **300 und 600 Euro**, abhängig von der Höhe des Stammkapitals. Die Beurkundung erfolgt in der Regel innerhalb von **1–3 Werktagen**.

5. Eintragung ins Handelsregister

Die Gründungsurkunde wird beim zuständigen Handelsregister (Registro Mercantil Provincial) eingereicht. Erst mit der Eintragung erhält die S.A. ihre Rechtspersönlichkeit. Die Kosten betragen **200–400 Euro**, und die

Eintragung dauert 7–15 **Werktage**, abhängig von der Region.

6. Steuerliche Registrierung

Wie bei der S.L. erfolgt die Registrierung beim Finanzamt (Agencia Tributaria) zur Beantragung der steuerlichen Identifikationsnummer (NIF). Dies wird zunächst vorläufig und nach der Eintragung endgültig vergeben. Die Dauer beträgt 1–3 **Tage**, und die Kosten sind null.

7. Ausgabe von Aktien

Im Gegensatz zur S.L., bei der die Anteile nicht als Aktien ausgestellt werden, müssen bei der S.A. Aktien ausgegeben werden. Diese können in Form von Inhaber- oder Namensaktien vorliegen. Ein Aktienregister ist zu führen, das die Eigentumsverhältnisse dokumentiert. Die Erstellung kann zusätzliche Kosten (ca. **500–1.000 Euro**) verursachen, je nach Umfang und erforderlicher Expertise.

8. Zusätzliche Lizenzen

Wie bei der S.L. können je nach Geschäftstätigkeit Betriebslizenzen oder andere Genehmigungen erforderlich sein, insbesondere für regulierte Branchen.

Kosten und Dauer

Die Gesamtkosten für die Gründung einer S.A. liegen typischerweise zwischen **1.500 und 3.500 Euro**, abhängig von Faktoren wie Notargebühren, Komplexität der Satzung und regionalen Unterschieden. Die Dauer beträgt **3–6 Wochen**, kann aber bei digitalen Verfahren oder regionalen Effizienzunterschieden verkürzt werden.

Regionale Unterschiede

In wirtschaftlichen Zentren wie Madrid oder Barcelona ist der Prozess oft schneller, insbesondere bei der Eintragung ins Handelsregister. Digitale Plattformen und Dienstleistungen sind in diesen Regionen besser verfügbar, während in kleineren Städten die Abläufe tendenziell länger dauern und weniger automatisiert sind. Auch die Gebühren können regional leicht variieren.

Unterschiede zur S.L.

- **Kapitalanforderungen:** Das Mindestkapital der S.A. (60.000 Euro) ist deutlich höher als das der S.L. (3.000 Euro).

- **Haftung und Anteile:** Die S.A. ist für größere Unternehmen konzipiert, die Anteile in Form von frei übertragbaren Aktien ausgeben können, während die S.L. beschränkt übertragbare Geschäftsanteile hat.

- **Gründungsformalitäten:** Die S.A. erfordert umfangreichere Satzungen und Verwaltungsstrukturen (z. B. Aktionärsversammlungen, Aufsichtsräte), was höhere Kosten und mehr Zeit bedeutet.

- **Flexibilität:** Die S.L. ist einfacher und flexibler in der Verwaltung, während die S.A. für größere Kapitalgesellschaften und börsennotierte Unternehmen geeignet ist.

- **Gesellschafter:** Die S.L. kann von nur einem Gesellschafter gegründet werden, bei der S.A. sind mindestens drei Gründer üblich, wobei Ausnahmen möglich sind (Ein-Personen-S.A.).

Kollektivgesellschaft (Sociedad Colectiva) und Kommanditgesellschaft (Sociedad Comanditaria)

Die **Kollektivgesellschaft (Sociedad Colectiva)** und die **Kommanditgesellschaft (Sociedad Comanditaria)** gehören in Spanien zu den Personengesellschaften. Sie werden häufig für kleinere Unternehmen oder Familienbetriebe gewählt, die eine partnerschaftliche Struktur bevorzugen. Beide Gesellschaften zeichnen sich durch die unbeschränkte Haftung zumindest eines Teils der

Gesellschafter aus und unterscheiden sich grundlegend von Kapitalgesellschaften wie der S.L.

Grundprinzipien

Die **Kollektivgesellschaft (Sociedad Colectiva)** und die **Kommanditgesellschaft (Sociedad Comanditaria)** haben in anderen europäischen Ländern ähnliche Entsprechungen, die sich in rechtlichen Details, Haftungsregeln und organisatorischen Anforderungen jedoch leicht unterscheiden. Diese Gesellschaftsformen basieren auf dem Prinzip der persönlichen Haftung und der engen Zusammenarbeit zwischen Gesellschaftern.

In **Deutschland** entspricht die Kollektivgesellschaft der **Offenen Handelsgesellschaft (OHG)**. Wie in Spanien haften alle Gesellschafter unbeschränkt und solidarisch mit ihrem gesamten Vermögen für die Verbindlichkeiten der Gesellschaft. Die deutsche OHG ist ebenfalls eine Personengesellschaft ohne Mindestkapitalanforderung, und die Geschäftsführung wird von allen Gesellschaftern gemeinsam wahrgenommen, sofern nichts anderes im Gesellschaftsvertrag geregelt ist. Die Kommanditgesellschaft findet ihre direkte Entsprechung in der deutschen **Kommanditgesellschaft (KG)**. Auch hier gibt es zwei Arten von Gesellschaftern: die unbeschränkt haftenden Komplementäre und die auf ihre Einlagen beschränkt haftenden Kommanditisten. Die deutsche KG ist eine beliebte Rechtsform für familiengeführte Unternehmen, die zusätzliches Kapital durch passive Investoren beschaffen möchten.

In **Frankreich** entspricht die Kollektivgesellschaft der **Société en Nom Collectif (SNC)**. Wie die spanische Sociedad Colectiva ist auch die SNC eine Personengesellschaft, bei der alle Gesellschafter unbeschränkt und solidarisch haften. Die französische SNC wird oft für kleinere Unternehmen verwendet, bei denen das persönliche Vertrauen zwischen den Gesellschaftern im Vordergrund steht. Die Kommanditgesellschaft wird in Frankreich als **Société en Commandite Simple (SCS)** bezeichnet. Sie folgt dem gleichen Prinzip wie die spanische Sociedad Comanditaria, mit einer Trennung zwischen unbeschränkt haftenden Komplementären und beschränkt haftenden Kommanditisten. Frankreich bietet zudem die **Société en Commandite par Actions (SCA)** an, eine Variante, bei der die Anteile der Kommanditisten in Form von Aktien ausgegeben werden.

In **Italien** entspricht die Kollektivgesellschaft der **Società in Nome Collettivo (SNC)**. Diese Gesellschaftsform ähnelt der französischen SNC und der deutschen OHG, wobei die Gesellschafter ebenfalls unbeschränkt haften. Die italienische Variante der Kommanditgesellschaft heißt **Società in Accomandita Semplice (SAS)**. Sie ist ähnlich aufgebaut wie die spanische Kommanditgesellschaft, wobei Komplementäre die Geschäftsführung übernehmen und die Kommanditisten ihre Haftung auf die Einlage beschränken. Italien kennt zudem die **Società in Accomandita per Azioni (SAPA)**, die der französischen SCA entspricht.

In **Großbritannien** gibt es die **General Partnership**, die der Kollektivgesellschaft entspricht. Hier haften die Partner ebenfalls unbeschränkt für die Verbindlichkeiten der Partnerschaft. Eine Entsprechung zur Kommanditgesellschaft ist die **Limited Partnership (LP)**, bei der es general partners (unbeschränkt haftende Partner) und limited partners (beschränkt haftende Partner) gibt. Großbritannien hat auch die **Limited Liability Partnership (LLP)** entwickelt, die eine Haftungsbeschränkung für alle Partner bietet und daher eine Mischung aus Personengesellschaft und Kapitalgesellschaft darstellt.

Besonderheiten

Die **Kollektivgesellschaft (Sociedad Colectiva)** und die **Kommanditgesellschaft (Sociedad Comanditaria)** sind Personengesellschaften, die in Spanien häufig für kleinere Unternehmen oder familiäre Partnerschaften verwendet werden. Beide Gesellschaftsformen basieren auf einer engen Zusammenarbeit der Gesellschafter, weisen jedoch grundlegende Unterschiede in Bezug auf Haftung und Beteiligung auf.

In einer Kollektivgesellschaft haften alle Gesellschafter unbeschränkt und solidarisch für die Verbindlichkeiten der Gesellschaft. Das bedeutet, dass die Gesellschafter nicht nur mit ihrem eingebrachten Kapital, sondern auch mit ihrem gesamten persönlichen Vermögen haften, falls die Gesellschaft zahlungsunfähig wird. Dies macht die Kollektivgesellschaft zu einer riskanten

Unternehmensform, die jedoch durch ihre einfache Struktur und die enge Verbindung zwischen den Gesellschaftern gekennzeichnet ist. Die Geschäftsführung obliegt in der Regel allen Gesellschaftern gemeinsam, wobei Entscheidungen einstimmig oder nach den im Gesellschaftsvertrag festgelegten Regeln getroffen werden. Es gibt keine Mindestkapitalanforderungen, und die Gründung erfolgt durch einen Gesellschaftsvertrag, der notariell beurkundet und ins Handelsregister eingetragen werden muss.

Die Kommanditgesellschaft zeichnet sich durch eine Aufteilung der Gesellschafter in zwei Kategorien aus: Komplementäre und Kommanditisten. Die Komplementäre übernehmen die Geschäftsführung und haften ebenso wie die Gesellschafter der Kollektivgesellschaft unbeschränkt und solidarisch mit ihrem gesamten Vermögen. Die Kommanditisten hingegen sind Kapitalgeber und haften lediglich bis zur Höhe ihrer Einlage. Sie haben keine aktive Rolle in der Geschäftsführung, sondern beschränken sich auf ihre Rolle als Investoren. Diese Struktur macht die Kommanditgesellschaft besonders geeignet für Unternehmen, die aktives Management und passive Kapitalbeteiligung kombinieren möchten. Auch für die Kommanditgesellschaft gibt es keine Mindestkapitalanforderung. Der Gesellschaftsvertrag regelt die Rechte und Pflichten der Gesellschafter, einschließlich der Gewinnverteilung und der Haftung.

Beide Gesellschaftsformen unterscheiden sich grundlegend von Kapitalgesellschaften wie der Sociedad de Responsabilidad Limitada (S.L.). Während die Haftung in der S.L. auf das Gesellschaftsvermögen begrenzt ist und Gesellschafter nicht persönlich haften, tragen die Gesellschafter in Kollektiv- und Kommanditgesellschaften ein wesentlich höheres persönliches Risiko. Zudem ist die interne Organisation einer Kollektiv- oder Kommanditgesellschaft flexibler, da sie weniger formalen Anforderungen unterliegt. Allerdings sind Personengesellschaften aufgrund ihrer unbeschränkten Haftung weniger attraktiv für größere Unternehmen oder solche, die eine klare Trennung zwischen Geschäfts- und Privatvermögen benötigen.

Gründungsverfahren

1. Wahl des Firmennamens

Wie bei anderen Gesellschaften in Spanien muss der Name einzigartig sein und beim Registro Mercantil Central (RMC) geprüft und reserviert werden. Dies dauert 1–3 Werktage und kostet 15–**25 Euro**.

2. Erstellung des Gesellschaftsvertrags

Der Gesellschaftsvertrag wird erstellt und muss die wesentlichen Regelungen zur Haftung, Kapitalbeteiligung, Geschäftsführung und Gewinnverteilung enthalten. Er ist der zentrale Bestandteil der Gründung. Der Vertrag kann von einem Anwalt oder Notar erstellt werden, was **Kosten von 200–500 Euro** verursachen kann. Die Erstellung dauert je nach Komplexität **2–5 Werktage**.

3. Notarielle Beurkundung

Die Gründung der Gesellschaft muss notariell beurkundet werden. Die notarielle Urkunde enthält den Gesellschaftsvertrag, die Identitätsnachweise der Gesellschafter und ggf. Nachweise über Kapitaleinlagen. Die Kosten hierfür belaufen sich auf **150–300 Euro**, und der Vorgang dauert in der Regel **1–3 Werktage**.

4. Eintragung ins Handelsregister

Die Gesellschaft muss im **Registro Mercantil Provincial** (örtliches Handelsregister) eingetragen werden. Erst durch diese Eintragung erhält die Gesellschaft ihre Rechtspersönlichkeit. Die Kosten betragen etwa **100–200 Euro**, und die Eintragung dauert **5–15 Werktage**, abhängig von der Region.

5. Steuerliche Registrierung

Die Gesellschaft muss sich beim spanischen Finanzamt (Agencia Tributaria) registrieren und eine **NIF** (steuerliche Identifikationsnummer) beantragen. Wie bei anderen Gesellschaften wird zunächst eine vorläufige NIF ausgestellt, die nach der Handelsregistereintragung in eine endgültige NIF umgewandelt wird. Die Registrierung dauert **1–3 Tage** und ist kostenfrei.

6. Zusätzliche Anforderungen

Je nach Art der Tätigkeit sind weitere Lizenzen und Genehmigungen erforderlich, z. B. eine Betriebslizenz (Licencia de Apertura) (s.o.)

Kosten und Dauer

Die Gesamtkosten für die Gründung einer Kollektiv- oder Kommanditgesellschaft liegen typischerweise zwischen **500 und 1.500 Euro**, abhängig von der Komplexität des Gesellschaftsvertrags, den Notargebühren und regionalen Gebührenunterschieden. Die Dauer beträgt in der Regel **3–5 Wochen**, wobei digitale Prozesse den Ablauf beschleunigen können.

Regionale Unterschiede

In städtischen und wirtschaftlich aktiven Regionen wie Madrid, Barcelona oder Valencia ist der Gründungsprozess häufig schneller, insbesondere bei der Eintragung ins Handelsregister. In weniger zentralen Regionen können bürokratische Verfahren länger dauern, und die Verfügbarkeit digitaler Dienste ist geringer. Notargebühren und regionale Steuern können ebenfalls variieren.

Unterschiede zur S.L.

- **Haftung:** In der Kollektivgesellschaft haften alle Gesellschafter unbeschränkt, während bei der Kommanditgesellschaft nur die Komplementäre unbeschränkt haften. In der S.L. ist die Haftung auf das Gesellschaftsvermögen beschränkt.

- **Kapitalanforderungen:** Weder die Kollektiv- noch die Kommanditgesellschaft haben eine Mindestkapitalanforderung, während bei der S.L. ein Mindestkapital von 3.000 Euro erforderlich ist.

- **Flexibilität:** Personengesellschaften sind flexibler in der internen Organisation und Gewinnverteilung, während die S.L. strengeren formalen und buchhalterischen Anforderungen unterliegt.

- **Rechtspersönlichkeit:** Die Kollektiv- und Kommanditgesellschaft haben eine rechtlich andere Struktur. Die S.L. ist eine Kapitalgesellschaft mit eigener Rechtspersönlichkeit, was die Haftung der Gesellschafter schützt.

- **Einsatzbereich:** Die Kollektiv- und Kommanditgesellschaften werden eher für kleine, familiengeführte oder partnerschaftliche Unternehmen verwendet, während die S.L. universeller einsetzbar ist und auch für größere Unternehmen geeignet ist.

Die Kollektiv- und Kommanditgesellschaften sind kostengünstiger und schneller zu gründen als eine S.L., bergen jedoch durch die unbeschränkte Haftung ein höheres Risiko. Sie eignen sich für enge Partnerschaften oder Familienunternehmen, während die S.L. bevorzugt wird, wenn eine Haftungsbeschränkung oder eine professionellere Struktur erforderlich ist.

Genossenschaften (Cooperativas)

Genossenschaften (Cooperativas) sind eine besondere Unternehmensform, die auf demokratischer Entscheidungsfindung, der gemeinsamen Förderung wirtschaftlicher Interessen und der aktiven Beteiligung der Mitglieder basiert. In Spanien sind sie rechtlich klar geregelt und stellen eine attraktive Option für Projekte dar, bei denen die Zusammenarbeit und der Nutzen der Mitglieder im Vordergrund stehen. Sie werden häufig in den Bereichen Landwirtschaft, Handwerk, Dienstleistungen und Wohnungsbau verwendet.

Das zentrale Merkmal einer Genossenschaft ist die **demokratische Entscheidungsstruktur**, bei der jedes Mitglied eine Stimme hat, unabhängig von der Höhe der eingebrachten Kapitaleinlage. Diese Struktur unterscheidet sich grundlegend von kapitalorientierten Gesellschaften wie der S.L. oder S.A., in denen die Stimmrechte an die Kapitalbeteiligung gekoppelt sind.

Entscheidungen werden in der Generalversammlung getroffen, die das oberste Organ der Genossenschaft ist. Sie wählt auch den Verwaltungsrat, der für die tägliche Geschäftsführung zuständig ist.

Die Gründung einer Genossenschaft erfordert mindestens drei Mitglieder (in einigen autonomen Gemeinschaften können mehr Mitglieder vorgeschrieben sein) und die Erstellung von Statuten, die die Rechte, Pflichten und Organisationsstrukturen der Genossenschaft regeln. Der Eintrag ins **Register der Genossenschaften** ist zwingend erforderlich, und in einigen autonomen Gemeinschaften gibt es spezifische Vorschriften oder Register, die die Gründung beeinflussen. Die Kosten der Gründung variieren je nach Region und Umfang der Beratung, liegen aber typischerweise zwischen 500 und 2.000 Euro. Der Prozess kann je nach Komplexität einige Wochen bis Monate dauern.

In Bezug auf die Haftung haften die Mitglieder einer Genossenschaft in der Regel nur bis zur Höhe ihrer Einlagen. Dies macht die Genossenschaft zu einer sicheren Wahl für Mitglieder, die nicht bereit sind, mit ihrem gesamten Vermögen für Verbindlichkeiten zu haften. Gewinne werden nicht kapitalorientiert ausgeschüttet, sondern nach den Prinzipien der Gegenseitigkeit entweder reinvestiert oder entsprechend der Nutzung der Genossenschaft durch die Mitglieder verteilt.

Im Vergleich zu anderen Unternehmensformen in Europa ähnelt die spanische **Cooperativa** stark den Genossenschaften in Deutschland, Frankreich oder Italien, wobei länderspezifische Besonderheiten in der Organisation und Besteuerung bestehen. In Spanien profitieren Genossenschaften oft von steuerlichen Vergünstigungen, wenn sie die Anforderungen an die Förderung des Gemeinwohls und die demokratische Struktur erfüllen. Ihre größte Stärke liegt in der Möglichkeit, wirtschaftliche Ziele mit sozialen Werten zu verbinden, was sie besonders für Projekte mit langfristigem, gemeinschaftsorientiertem Fokus geeignet macht.

Cooperativas sind für ausländische Gründer oft irrelevant, da ihre Struktur und Zielsetzung in der Regel nicht den Anforderungen internationaler Investoren oder Unternehmer entsprechen. Genossenschaften basieren auf einer demokratischen Entscheidungsfindung, bei der jedes Mitglied eine Stimme hat, unabhängig von der Höhe der Kapitaleinlage. Dies steht im Gegensatz zu den Bedürfnissen vieler ausländischer Gründer, die eine klare Kontrolle über das Unternehmen und Entscheidungsprozesse bevorzugen. Die Hauptzielsetzung von Genossenschaften liegt nicht in der Gewinnmaximierung, sondern in der Förderung der Interessen ihrer Mitglieder und der Gemeinschaft, was häufig nicht mit den Rendite- und Skalierungszielen internationaler Investoren übereinstimmt. Zusätzlich sind die rechtlichen und bürokratischen Anforderungen für die Gründung einer Genossenschaft in Spanien komplex und variieren zwischen den autonomen Gemeinschaften, was für ausländische Unternehmer, die sich mit dem spanischen Rechtssystem weniger auskennen, eine zusätzliche Herausforderung darstellt. Genossenschaften genießen zwar steuerliche Vorteile oder Subventionen, diese sind jedoch oft an Bedingungen wie die Förderung lokaler Gemeinschaften oder die Schaffung von Arbeitsplätzen gebunden, die für internationale Gründer nicht immer von Interesse sind. Darüber hinaus sind Genossenschaften meist lokal oder regional ausgerichtet und bieten keine ausreichende Flexibilität für eine internationale Skalierung. Ihre geringe Bekanntheit und Akzeptanz bei ausländischen Unternehmern, die mit anderen Gesellschaftsformen wie Kapitalgesellschaften vertrauter sind, trägt zusätzlich dazu bei, dass diese Unternehmensform für internationale Gründer unattraktiv ist. Insgesamt richtet sich die Cooperativa primär an lokale Unternehmer und gemeinschaftsorientierte Projekte, während ausländische Gründer meist flexiblere und renditeorientierte Strukturen bevorzugen.

Gründung einer abhängigen Struktur

Wer bereits im Heimatland (oder anderswo) unternehmerisch tätig ist, kann auch eine Zweigniederlassung oder eine Tochterfirma in Spanien gründen,

Der Unterschied zwischen einer Tochterfirma und einer Zweigniederlassung liegt hauptsächlich in ihrer rechtlichen und wirtschaftlichen Unabhängigkeit sowie ihrer Beziehung zum Mutterunternehmen.

Eine **Tochterfirma** ist eine rechtlich eigenständige Gesellschaft, die vom Mutterunternehmen gegründet oder übernommen wird. Sie verfügt über eine eigene

Rechtspersönlichkeit und tritt im Rechtsverkehr wie ein eigenständiges Unternehmen auf. Die Muttergesellschaft hält in der Regel die Mehrheit der Anteile und kontrolliert damit die Tochterfirma, jedoch haftet die Tochterfirma eigenständig für ihre Verbindlichkeiten. Dies bedeutet, dass das Risiko für die Muttergesellschaft in der Regel auf das investierte Kapital beschränkt ist. Eine Tochterfirma kann flexibel an lokale rechtliche und wirtschaftliche Gegebenheiten angepasst werden und hat mehr Autonomie bei der Geschäftstätigkeit.

Eine **Zweigniederlassung** ist dagegen keine eigenständige juristische Person, sondern ein rechtlicher und organisatorischer Teil des Mutterunternehmens. Sie unterliegt vollständig der Kontrolle des Mutterunternehmens und teilt dessen Rechtspersönlichkeit. Die Zweigniederlassung haftet nicht eigenständig, sondern die Muttergesellschaft haftet für alle Verbindlichkeiten, die durch die Zweigniederlassung entstehen. Eine Zweigniederlassung agiert meist unter dem Namen des Mutterunternehmens, kann aber eine gewisse operative Autonomie besitzen, insbesondere im Hinblick auf lokale Geschäfte. Sie ist in rechtlicher Hinsicht jedoch stets an das Mutterunternehmen gebunden.

Gründung einer Zweigniederlassung (Sucursal)

Die Gründung einer **Zweigniederlassung (Sucursal)** in Spanien ermöglicht es einem ausländischen Unternehmen, direkt auf dem spanischen Markt tätig zu werden, ohne eine eigenständige juristische Person zu etablieren.

Sie ist organisatorisch und operativ ein Teil der Muttergesellschaft, hat jedoch eine gewisse Autonomie für lokale Geschäfte. Der Gründungsprozess umfasst mehrere Schritte, die sorgfältig und mit Rücksicht auf rechtliche Vorgaben durchgeführt werden müssen.

Der erste Schritt besteht in einem formellen Beschluss der Muttergesellschaft, die Zweigniederlassung in Spanien zu errichten. Dieser Beschluss muss von den zuständigen Organen der Muttergesellschaft gefasst, notariell beglaubigt und mit einer Apostille nach dem Haager Übereinkommen versehen werden. Begleitend dazu müssen die Gründungsdokumente und die Satzung der Muttergesellschaft vorgelegt werden, ebenfalls beglaubigt und apostilliert. Diese Dokumente dienen als rechtliche Grundlage für die Zweigniederlassung.

Ein zentraler Punkt ist die Ernennung eines gesetzlichen Vertreters, der die Zweigniederlassung in Spanien nach außen vertritt. Dieser Vertreter muss nicht unbedingt spanischer Staatsbürger sein, muss jedoch über eine spanische Ausländeridentifikationsnummer (NIE) verfügen, die zuvor beantragt werden muss. Der gesetzliche Vertreter übernimmt die Verantwortung für die Einhaltung der rechtlichen und steuerlichen Verpflichtungen der Zweigniederlassung in Spanien.

Nach der Vorbereitung der Dokumente erfolgt die Beantragung einer spanischen Steuernummer (Número de Identificación Fiscal, NIF) für die Zweigniederlassung beim Finanzamt (Agencia Tributaria). Diese Nummer ist notwendig, um die Zweigniederlassung steuerlich zu registrieren und geschäftlich tätig werden zu können. Zunächst wird eine vorläufige NIF erteilt, die nach der Eintragung ins Handelsregister in eine endgültige umgewandelt wird.

Die Gründung der Zweigniederlassung wird anschließend in Spanien vor einem Notar beurkundet. Der Notar prüft die eingereichten Dokumente, einschließlich der Satzung und der Ernennungsurkunde des gesetzlichen Vertreters. Die notarielle Beurkundung ist ein verpflichtender Schritt und gewährleistet die Einhaltung der gesetzlichen Vorgaben. Nach der Beurkundung wird die Zweigniederlassung ins zuständige spanische Handelsregister (Registro Mercantil) eingetragen. Diese Eintragung verleiht der Zweigniederlassung ihre rechtliche und formelle Anerkennung in Spanien.

Abschließend sind je nach Art der Geschäftstätigkeit weitere Schritte erforderlich, wie die Anmeldung bei der Sozialversicherung für Mitarbeiter, der Erwerb lokaler Betriebsgenehmigungen oder die Registrierung bei branchenspezifischen Behörden. Diese Anforderungen können regional unterschiedlich sein, da jede autonome Gemeinschaft in Spanien spezifische Vorschriften hat, insbesondere für lokale Betriebslizenzen.

Der gesamte Prozess dauert in der Regel 6 bis 7 Wochen, wobei Verzögerungen durch unvollständige Unterlagen oder regionale Besonderheiten entstehen können. Die Kosten für die Gründung einer Zweigniederlassung setzen sich aus verschiedenen Posten zusammen, darunter Notargebühren, Kosten für die Eintragung ins

Handelsregister, Gebühren für beglaubigte Übersetzungen ins Spanische und, falls erforderlich, juristische und steuerliche Beratung. Insgesamt belaufen sich die Kosten häufig auf mehrere tausend Euro, abhängig von der Komplexität des Verfahrens und den spezifischen Anforderungen.

Die Gründung einer Zweigniederlassung bietet einige Vorteile, wie geringere Gründungskosten und einfachere Verwaltungsprozesse im Vergleich zur Gründung einer Tochtergesellschaft. Allerdings haftet die Muttergesellschaft direkt für alle Verbindlichkeiten der Zweigniederlassung, da diese keine eigenständige Rechtspersönlichkeit besitzt. Diese Haftungsfrage sollte bei der Wahl zwischen einer Zweigniederlassung und einer Tochtergesellschaft sorgfältig berücksichtigt werden.

Gründung einer Tochterfirma

Die Gründung einer Sociedad de Responsabilidad Limitada (S.L.) in Spanien durch einen ausländischen Eigentümer (Einzelperson) unterscheidet sich deutlich von der Gründung einer S.L. als Tochterfirma einer bestehenden ausländischen Gesellschaft. Beide Ansätze haben unterschiedliche Anforderungen, Kostenstrukturen und steuerliche Implikationen, die im Folgenden ausführlich beleuchtet werden.

1. Rechtliche Struktur und Eigentümerstatus

Die Gründung einer **S.L. durch eine ausländische Einzelperson** erfolgt durch eine natürliche Person, die entweder allein oder gemeinsam mit weiteren Gesellschaftern als Eigentümer der S.L. fungiert. In dieser Struktur ist der Gründer direkt mit der S.L. verbunden und trägt die volle unternehmerische Verantwortung. Der Eigentümer hat vollständige Kontrolle über das Unternehmen und ist in der Lage, flexibel auf geschäftliche Anforderungen zu reagieren. Diese Struktur ist besonders für Einzelunternehmer oder kleine Investoren geeignet, die in Spanien tätig werden möchten, da die Gründung weniger komplex ist und keine Verbindung zu einer anderen juristischen Person erfordert. Die persönliche Beteiligung des Eigentümers macht die Struktur übersichtlich und eignet sich gut für lokal begrenzte oder kleinere Geschäftsaktivitäten.

Die Gründung einer **S.L. als Tochterfirma einer ausländischen Gesellschaft** unterscheidet sich insofern, als der Eigentümer der S.L. eine bereits bestehende juristische Person ist. In diesem Fall agiert die Tochterfirma als rechtlich eigenständiges Unternehmen, das von der Muttergesellschaft kontrolliert wird. Diese Struktur wird häufig von ausländischen Unternehmen gewählt, die in Spanien operativ tätig werden wollen, ohne das Mutterunternehmen direkt in den spanischen Markt einzubinden. Die Tochterfirma bietet den Vorteil der rechtlichen und finanziellen Trennung von der Muttergesellschaft, wodurch Risiken begrenzt werden können.

Gleichzeitig ermöglicht sie eine klar strukturierte Organisation, die sowohl lokal als auch international agieren kann, und ist besonders geeignet für größere oder strategisch ausgerichtete Unternehmungen.

Der Hauptunterschied zwischen den beiden Varianten liegt in der Art des Eigentümers: Bei der Gründung durch eine Einzelperson ist der Eigentümer direkt involviert und haftet nur über das Gesellschaftskapital der S.L. Bei der Tochterfirma handelt es sich um eine Verbindung zwischen zwei juristischen Personen, die eine striktere Trennung der Verantwortlichkeiten und häufig eine größere organisatorische Komplexität mit sich bringt.

2. Unterschiede bei der Gründung

- **Dokumentation:** Für eine Einzelperson ist der Gründungsprozess relativ einfach. Der Gründer benötigt einen gültigen Ausweis (z. B. Reisepass) und eine spanische Ausländeridentifikationsnummer (NIE). Zusätzlich muss er ein Geschäftskonto in Spanien eröffnen und die Satzung der S.L. erstellen.
Bei einer Tochterfirma muss die Muttergesellschaft ihre Gründungsdokumente, Satzung und einen Beschluss zur Gründung der Tochterfirma vorlegen. Diese Dokumente müssen notariell beglaubigt, mit einer Apostille versehen und ins Spanische übersetzt sein. Zudem wird ein

Vertreter der Muttergesellschaft als gesetzlicher Vertreter der S.L. benannt, der über eine NIE verfügen muss.

- **Notarielle Beurkundung:** Beide Varianten erfordern eine notarielle Beurkundung der Gründungsurkunde und der Satzung. Bei einer Tochterfirma muss jedoch zusätzlich die Vollmacht des gesetzlichen Vertreters und die Apostille der Muttergesellschaft vorgelegt werden.

- **Eintragung ins Handelsregister:** In beiden Fällen wird die S.L. ins spanische Handelsregister (Registro Mercantil) eingetragen. Der Prozess ist für beide Varianten ähnlich, allerdings dauert die Registrierung bei einer Tochterfirma oft länger, da die Dokumente der Muttergesellschaft zusätzlich geprüft werden.

- **Gründungsdauer:** Die Gründung durch eine Einzelperson kann in der Regel innerhalb von 3 bis 5 Wochen abgeschlossen werden. Bei einer Tochterfirma kann es aufgrund der zusätzlichen Dokumentations- und Beglaubigungspflichten 5 bis 8 Wochen dauern.

3. Unterschiede bei den Kosten

Die **Kosten für die Gründung einer S.L. durch eine ausländische Einzelperson** sind geringer, da der Prozess weniger umfangreiche Dokumentationen und Beglaubigungen erfordert. Die **Notargebühren** für die Beurkundung der Gründungsdokumente und Satzung belaufen sich auf etwa **200–400 Euro**, abhängig von der Region und der Komplexität der Satzung. Die **Handelsregistereintragung** kostet zusätzlich **100–200 Euro**, was sich an den Gebühren des jeweiligen Registers orientiert. Für die Beantragung der **NIE (Número de Identificación de Extranjero)**, die für ausländische Gründer erforderlich ist, sowie für eventuelle beglaubigte Übersetzungen relevanter Dokumente, fallen zwischen **50 und 150 Euro** an. Die Gesamtkosten für die Gründung durch eine Einzelperson betragen somit in der Regel **500–1.000 Euro**, abhängig von der Region und der Notargebührenstruktur.

Die **Kosten für die Gründung einer S.L. als Tochterfirma einer ausländischen Gesellschaft** sind höher, da zusätzliche Dokumentationen und Beglaubigungen erforderlich sind. Die **Notargebühren** liegen hier zwischen **300 und 600 Euro**, da die Gründung durch eine juristische Person die Vorlage und Prüfung umfangreicherer Dokumente wie der Satzung und der Gründungsurkunde der Muttergesellschaft erfordert. Für die **Handelsregistereintragung** fallen etwa **150–250 Euro** an. Ein signifikanter Kostenfaktor sind die **Übersetzungen, Beglaubigungen und Apostillen**, die für die Dokumente der Muttergesellschaft notwendig sind. Diese liegen zwischen **500 und 1.000 Euro**, abhängig von der Anzahl und Art der erforderlichen Dokumente. Die Gesamtkosten belaufen sich daher auf etwa **1.000–2.500 Euro**, wobei der Umfang der beglaubigten Übersetzungen und Apostillen den größten Einfluss auf die endgültigen Kosten hat.

Die Gründungskosten für eine Tochterfirma sind insgesamt höher, da der Prozess durch die zusätzliche Überprüfung und Legalisierung der ausländischen Dokumente aufwendiger ist. Diese Differenz spiegelt den zusätzlichen Verwaltungsaufwand und die stärkeren Anforderungen an die Dokumentation bei der Gründung durch eine juristische Person wider.

4. Steuerliche Unterschiede

Die Besteuerung einer **Sociedad de Responsabilidad Limitada (S.L.)** erfolgt in Spanien unabhängig davon, ob sie von einer ausländischen Einzelperson oder als Tochterfirma einer ausländischen Muttergesellschaft gegründet wurde. In beiden Fällen unterliegt die S.L. der spanischen **Körperschaftssteuer (Impuesto sobre Sociedades)**, die für die meisten Unternehmen bei einem **Standardsteuersatz von 25 %** liegt. Neugegründete Unternehmen können unter bestimmten Bedingungen von einem ermäßigten Körperschaftssteuersatz von 15 % in den ersten beiden profitablen Jahren profitieren. Diese Regelungen gelten einheitlich für alle S.L.s und richten sich nicht nach der Art des Eigentümers.

Die **Gewinnentnahme** unterscheidet sich je nach Art des Eigentümers. Bei einer S.L., die von einer Einzelperson gegründet wurde, werden die Gewinne nach Abzug der Körperschaftssteuer in der Regel als **Dividenden** an den Eigentümer ausgeschüttet. Diese Dividenden unterliegen in Spanien einer **Quellensteuer**, die abhängig vom Betrag zwischen **19 % und 23 %** liegt. Um eine Doppelbesteuerung zu vermeiden, wird die im Wohnsitzland des Eigentümers anfallende Steuer auf die Dividenden in der Regel durch ein bestehendes **Doppelbesteuerungsabkommen (DBA)** angepasst. Dies bedeutet, dass die Quellensteuer in Spanien in der Heimat des Eigentümers auf die persönliche Einkommenssteuer angerechnet wird, wobei der endgültige Steuersatz von den nationalen Steuergesetzen und dem Abkommen abhängt.

Bei einer Tochterfirma, die von einer ausländischen Gesellschaft gegründet wurde, fließen die Gewinne typischerweise ebenfalls als Dividenden an die Muttergesellschaft zurück. Diese Dividendenausschüttungen können ebenfalls der spanischen Quellensteuer unterliegen. Allerdings ermöglicht die EU-weite **Mutter-Tochter-Richtlinie**, dass Dividendenausschüttungen zwischen Unternehmen innerhalb der EU von der Quellensteuer befreit sind, sofern bestimmte Bedingungen erfüllt sind (z. B. eine Mindestbeteiligung der Muttergesellschaft von 10 % über einen Zeitraum von mindestens einem Jahr). Außerhalb der EU wird die Quellensteuer durch bestehende Doppelbesteuerungsabkommen reguliert, wobei häufig niedrigere Sätze oder sogar eine vollständige Befreiung gelten.

Ein bedeutender Vorteil der Gründung einer Tochterfirma ist die Möglichkeit der **Verrechnung von Verlusten**. Verluste, die eine Tochterfirma in Spanien erzielt, können in vielen Ländern mit den Gewinnen der Muttergesellschaft verrechnet werden, was zu steuerlichen Vorteilen auf Konzernebene führt. Diese Option steht bei einer S.L., die im Besitz einer Einzelperson ist, nicht zur Verfügung, da hier keine Verknüpfung mit einer anderen juristischen Person besteht. Einzelunternehmer können Verluste der S.L. lediglich in der S.L. selbst vortragen und mit zukünftigen Gewinnen der Gesellschaft verrechnen.

Die steuerliche Behandlung von **Zweigniederlassungen** unterscheidet sich grundlegend von Tochtergesellschaften. Eine Zweigniederlassung ist steuerlich nicht eigenständig, sondern direkt mit der Muttergesellschaft verbunden. Gewinne und Verluste der Zweigniederlassung werden in der Regel in der Steuererklärung der Muttergesellschaft konsolidiert, sofern die steuerlichen Regelungen des Heimatlands dies erlauben. Dies kann zu einer höheren Flexibilität bei der Verrechnung von Gewinnen und Verlusten führen, aber auch dazu, dass das Mutterunternehmen direkt für die steuerlichen Verpflichtungen der Zweigniederlassung haftet. Eine S.L. als Tochterfirma hingegen wird in Spanien als eigenständiges Unternehmen besteuert, was eine klare Trennung der steuerlichen Verantwortung zwischen Mutter- und Tochtergesellschaft ermöglicht. Diese Trennung ist insbesondere für Unternehmen vorteilhaft, die ihre steuerliche Belastung auf verschiedene Jurisdiktionen verteilen möchten.

Zusammenfassend bietet die Gründung einer S.L. als Tochterfirma im Vergleich zur Gründung durch eine Einzelperson oder einer Zweigniederlassung steuerliche Vorteile, insbesondere bei der Verrechnung von Verlusten und der Trennung der steuerlichen Verantwortung. Die steuerlichen Auswirkungen hängen jedoch stark von der konkreten Unternehmensstruktur, den Geschäftsplänen und den bestehenden steuerlichen Regelungen zwischen Spanien und dem Sitzland des Eigentümers ab. Unternehmer sollten diese Aspekte sorgfältig prüfen, idealerweise in Absprache mit einem internationalen Steuerberater.

Europäische Aktiengesellschaft

Die **Europäische Aktiengesellschaft (Societas Europaea, SE)** ist eine er guten Ordnung halber zu erwähnende supranationale Rechtsform, die es Unternehmen ermöglicht, ihre Geschäftstätigkeit innerhalb der EU und des EWR unter einer einheitlichen Rechtsstruktur zu organisieren. Sie wurde geschaffen, um die grenzüberschreitende Zusammenarbeit und Mobilität von Unternehmen zu erleichtern und den europäischen Charakter eines Unternehmens zu betonen.

Die SE kombiniert Elemente nationalen Gesellschaftsrechts mit einem europäischen Rechtsrahmen und ermöglicht es, den Sitz innerhalb der EU zu verlegen, ohne die Rechtspersönlichkeit zu verlieren. Sie eignet sich besonders für große Unternehmen mit internationaler Ausrichtung. Und spielt im Zusammenhang mit dem Thema dieses Buches keine Rolle.

Steuerlicher Vergleich der spanischen Rechtsformen

Die Besteuerung der verschiedenen Rechtsformen in Spanien unterscheidet sich grundlegend je nach ihrer Struktur, ihrer rechtlichen Ausgestaltung und den Anforderungen, die an sie gestellt werden. Jede Rechtsform weist spezifische steuerliche Merkmale und Vor- sowie Nachteile auf, die bei der Wahl der Unternehmensform eine entscheidende Rolle spielen.

Einzelunternehmen (Empresario Individual) werden nicht als eigenständige juristische Personen besteuert. Stattdessen werden die Gewinne des Unternehmens direkt dem persönlichen Einkommen des Unternehmers zugerechnet und unterliegen der Einkommensteuer (Impuesto sobre la Renta de las Personas Físicas, IRPF). Der Steuersatz ist progressiv und reicht von 19 % bis 47 %, abhängig von der Gesamthöhe des Einkommens. Dies bedeutet, dass bei höheren Gewinnen die Steuerlast erheblich ansteigen kann, wodurch diese Rechtsform steuerlich weniger attraktiv wird. Betriebsausgaben, die unmittelbar mit der Geschäftstätigkeit zusammenhängen, können jedoch direkt von den Einkünften abgezogen werden, was die steuerliche Belastung mindert.

Einzelunternehmen eignen sich daher vor allem für kleinere Geschäftsaktivitäten oder Freiberufler mit moderaten Einkünften, bei denen die Progression der Einkommensteuer nicht erheblich ins Gewicht fällt.

Kapitalgesellschaften wie die Sociedad de Responsabilidad Limitada (S.L.) und die Sociedad Anónima (S.A.) unterliegen der Körperschaftssteuer (Impuesto sobre Sociedades). Dieser Steuersatz beträgt standardmäßig 25 % und ist im Vergleich zur progressiven Einkommensteuer oft niedriger, was diese Gesellschaftsformen insbesondere bei hohen Gewinnen attraktiver macht. Zudem können neu gegründete Unternehmen in den ersten zwei profitablen Geschäftsjahren einen reduzierten Körperschaftssteuersatz von 15 % nutzen, sofern sie bestimmte Kriterien erfüllen. Gewinne, die innerhalb der Gesellschaft verbleiben, werden nicht weiterbesteuert, was eine Reinvestition erleichtert. Wenn jedoch Gewinne in Form von Dividenden an die Gesellschafter ausgeschüttet werden, fällt eine zusätzliche Quellensteuer an, die je nach Betrag zwischen 19 % und 23 % liegt. Diese Steuer kann durch Doppelbesteuerungsabkommen (DBA) oder die EU-Mutter-Tochter-Richtlinie reduziert oder vollständig vermieden werden. Kapitalgesellschaften sind steuerlich besonders vorteilhaft, wenn Gewinne reinvestiert oder international optimiert werden sollen.

Genossenschaften (Cooperativas) genießen steuerliche Sonderregelungen, da sie als gemeinwohlorientierte Unternehmensform gelten. Sie unterliegen in der Regel einem Körperschaftssteuersatz von 20 %, wobei besonders geschützte Genossenschaften, die zusätzliche soziale oder gemeinwohlfördernde Kriterien erfüllen, nur 10 % Körperschaftssteuer zahlen müssen. Diese steuerlichen Vorteile machen Genossenschaften attraktiv für Projekte mit gemeinschaftlichem Charakter, sind jedoch an strenge Bedingungen wie demokratische Entscheidungsprozesse und die Förderung des Gemeinwohls gebunden. Die steuerliche Behandlung von Genossenschaften ist daher besonders günstig, erfordert aber eine sorgfältige Planung und Einhaltung der spezifischen Anforderungen.

Personengesellschaften wie die Sociedad Colectiva und die Sociedad Comanditaria werden steuerlich ähnlich wie Einzelunternehmen behandelt. Sie sind keine eigenständigen Steuersubjekte, sodass die Gewinne direkt den Gesellschaftern zugerechnet und auf deren persönlicher Einkommensteuerbasis versteuert werden. Die individuelle Steuerbelastung hängt vom jeweiligen Einkommensteuersatz der Gesellschafter ab, der je nach Einkommen progressiv ist. Dies kann dazu führen, dass Gesellschafter bei hohen Gewinnen stärker belastet werden als bei einer Kapitalgesellschaft. Bei der Sociedad Comanditaria unterscheidet sich die Haftung der Gesellschafter: Während die Komplementäre unbeschränkt haften, beschränkt sich die Haftung der Kommanditisten auf ihre Einlage. Steuerlich hat dies keine unmittelbaren Auswirkungen, beeinflusst jedoch die Risikobereitschaft der beteiligten Gesellschafter.

Zweigniederlassungen (Sucursales) ausländischer Unternehmen werden ebenfalls der Körperschaftssteuer unterworfen, da sie als steuerlich eigenständige Einheiten betrachtet werden, obwohl sie rechtlich nicht unabhängig von der Muttergesellschaft sind. Zusätzlich können Gewinne, die von der Zweigniederlassung an die Muttergesellschaft transferiert werden, mit einer Quellensteuer belegt werden. Die Höhe dieser Steuer hängt von bestehenden Doppelbesteuerungsabkommen ab. Zweigniederlassungen bieten steuerliche Vorteile, da sie eng mit der Muttergesellschaft verbunden bleiben und eine flexible Gewinn- und Verlustverrechnung ermöglichen, sind jedoch komplexer in der Verwaltung.

Die Europäische Aktiengesellschaft (Societas Europaea, SE) wird steuerlich wie eine S.A. behandelt und unterliegt der spanischen Körperschaftssteuer. Sie bietet jedoch zusätzliche Vorteile durch ihre europäische Struktur, insbesondere bei grenzüberschreitenden Fusionen oder der Verlagerung des Firmensitzes innerhalb der EU. Steuerlich kann sie optimiert werden, indem Gewinne zwischen verschiedenen Tochtergesellschaften in unterschiedlichen Ländern verschoben werden, um von niedrigeren Steuersätzen oder vorteilhaften Abkommen zu profitieren.

Zusammenfassend ist die Besteuerung der Rechtsformen in Spanien stark von der Struktur des Unternehmens und dessen strategischen Zielen abhängig. Einzelunternehmen und Personengesellschaften sind einfacher zu verwalten, unterliegen jedoch der progressiven

Einkommensteuer, was bei hohen Gewinnen steuerlich nachteilig sein kann. Kapitalgesellschaften wie S.L. und S.A. profitieren von einem festen Körperschaftssteuersatz und bieten Möglichkeiten zur Steueroptimierung, insbesondere bei der internationalen Tätigkeit. Genossenschaften sind steuerlich begünstigt, jedoch durch soziale und strukturelle Anforderungen begrenzt. Zweigniederlassungen und europäische Gesellschaften bieten zusätzliche Möglichkeiten für grenzüberschreitende Geschäfte, sind jedoch administrativ anspruchsvoller. Die Wahl der Rechtsform sollte daher nicht nur unter rechtlichen und organisatorischen Gesichtspunkten, sondern auch in Bezug auf die steuerlichen Implikationen und Optimierungsmöglichkeiten erfolgen.

Steuerlicher Vergleich zwischen Spanien und Europa

Ein steuerlicher Vergleich zwischen Firmen in Spanien und anderen europäischen Ländern zeigt sowohl Gemeinsamkeiten aufgrund harmonisierter EU-Regelungen als auch erhebliche Unterschiede in Bezug auf Steuersätze, Steuerarten und Anreize. Diese Unterschiede beeinflussen maßgeblich die Standortwahl und die Steuerplanung internationaler Unternehmen.

Körperschaftssteuer (Corporate Tax)

Spanien erhebt einen Körperschaftssteuersatz von **25 %**, was dem Durchschnitt in der EU entspricht. Einige

Länder bieten jedoch niedrigere Steuersätze an, wie Irland mit **12,5 %** oder Ungarn mit **9 %**, während andere, wie Frankreich, mit **25 %** oder Deutschland (bis zu **30 %**, einschließlich Gewerbesteuer) ähnlich oder darüber liegen. Spanien gewährt für neu gegründete Unternehmen in den ersten zwei profitablen Jahren einen ermäßigten Satz von **15 %**, was es mit ähnlichen Anreizen in Ländern wie Frankreich oder Italien vergleichbar macht.

Mehrwertsteuer (Value Added Tax, VAT)

Die spanische Mehrwertsteuer (Impuesto sobre el Valor Añadido, IVA) hat einen Standardsatz von **21 %**, der im europäischen Kontext durchschnittlich ist. Länder wie Deutschland (19 %) oder Frankreich (20 %) haben leicht niedrigere Standardsätze, während skandinavische Länder wie Schweden oder Dänemark mit **25 %** höhere Sätze aufweisen. Spanien bietet jedoch reduzierte Mehrwertsteuersätze für bestimmte Güter und Dienstleistungen (10 % und 4 %), ähnlich wie viele andere europäische Länder.

Dividendenbesteuerung

In Spanien unterliegen Dividendenausschüttungen einer **Quellensteuer von 19–23 %**, abhängig von der Höhe der Ausschüttung. Innerhalb der EU profitieren Dividenden oft von der **Mutter-Tochter-Richtlinie**, die Dividendenausschüttungen zwischen verbundenen Unternehmen innerhalb der EU von der Quellensteuer befreit, sofern die Muttergesellschaft mindestens 10 % der Tochtergesellschaft hält. Dies ähnelt den Regelungen in Ländern wie Deutschland, Frankreich oder Italien. Länder wie die Niederlande bieten hingegen besonders vorteilhafte Bedingungen für Dividendenausschüttungen und Holdingstrukturen.

Gewinnverrechnung und Verluste

In Spanien können Verluste bis zu **15 Jahre** vorgetragen werden, jedoch nicht vollständig in einem einzigen Jahr verrechnet werden. Dies ist restriktiver als in Ländern wie Deutschland, wo Verluste unbegrenzt vorgetragen werden können, jedoch durch jährliche Höchstbeträge begrenzt sind. Länder wie Großbritannien erlauben eine flexiblere Verrechnung von Verlusten, was für Unternehmen mit unregelmäßigen Einnahmen vorteilhaft ist.

Arbeitskosten und Sozialabgaben

Spanien erhebt vergleichsweise hohe Sozialabgaben auf Löhne, die von Unternehmen getragen werden müssen. Der Arbeitgeberanteil liegt bei rund **30 % der Bruttolöhne**, ähnlich wie in Frankreich oder Italien, aber deutlich höher als in Ländern wie Irland oder dem Vereinigten Königreich, wo die Sozialabgaben für Arbeitgeber niedriger sind. Diese Unterschiede machen die Einstellung von Mitarbeitern in Spanien teurer, was insbesondere für arbeitsintensive Unternehmen relevant ist.

Holdinggesellschaften und steuerliche Optimierung

Spanien bietet im Rahmen seiner internationalen Besteuerungsregelungen Holdingstrukturen an, wie das **ETVE-Regime (Entidades de Tenencia de Valores Extranjeros)**, das steuerliche Vorteile für multinationale Unternehmen bietet, die ausländische Tochtergesellschaften verwalten. Vergleichbare Modelle existieren in den Niederlanden (Dutch Holding Company Regime) oder Luxemburg (SOPARFI), wobei diese Länder oft als steuerlich attraktiver angesehen werden, da sie niedrigere effektive Steuersätze und flexiblere Regelungen für internationale Gewinne bieten.

Sonderzonen und regionale Anreize

Especial Canaria (ZEC)

Spanien bietet mit der **Zona Especial Canaria (ZEC)** ein einzigartiges Steueranreizprogramm auf den Kanarischen Inseln, das Unternehmen ermöglicht, von einem stark ermäßigten Körperschaftssteuersatz von **4 %** zu profitieren. Dieses Programm wurde eingerichtet, um die wirtschaftliche Entwicklung der Kanarischen Inseln zu fördern und Investitionen in diese Region anzuziehen. Es stellt eine attraktive Option für Unternehmen dar, die ihre Steuerbelastung senken und gleichzeitig von den strategischen Vorteilen dieser geografischen Lage profitieren möchten.

Der reduzierte Körperschaftssteuersatz von 4 % gilt für Unternehmen, die sich im Rahmen der ZEC registrieren lassen und spezifische Anforderungen erfüllen. Dazu gehört unter anderem, dass das Unternehmen seine Geschäftstätigkeit auf den Kanarischen Inseln ausübt, mindestens eine bestimmte Anzahl von Arbeitsplätzen in der Region schafft und ein gewisses Mindestkapital investiert. Die genaue Anzahl der zu schaffenden Arbeitsplätze variiert je nach Größe und Art des Unternehmens, liegt jedoch typischerweise bei **5 bis 10 Arbeitsplätzen**.

Die ZEC-Regelung steht einer Vielzahl von Branchen offen, wobei der Schwerpunkt auf innovativen, exportorientierten oder technologieintensiven Geschäftstätigkeiten liegt. Beispiele hierfür sind der IT-Sektor, Forschung und Entwicklung, erneuerbare Energien sowie die Produktion und Verarbeitung von Gütern. Der Fokus auf bestimmte Sektoren soll die wirtschaftliche Diversifizierung der Kanarischen Inseln fördern und eine Abkehr von der traditionellen Abhängigkeit vom Tourismussektor bewirken.

Neben dem niedrigen Körperschaftssteuersatz profitieren Unternehmen, die Teil der ZEC sind, von weiteren steuerlichen Vorteilen. Dazu gehören unter anderem eine Befreiung von der Quellensteuer auf Dividenden, Zinsen und Lizenzgebühren, die an ausländische Muttergesellschaften gezahlt werden, sowie reduzierte Steuersätze auf bestimmte lokale Abgaben. Zudem können Unternehmen im Rahmen von EU-Regelungen weiterhin von der steuerlichen Infrastruktur Spaniens und dessen umfangreichem Netzwerk an Doppelbesteuerungsabkommen profitieren.

Die ZEC-Regelung stellt eine attraktive Möglichkeit dar, insbesondere für internationale Unternehmen, die eine Präsenz in der EU suchen und gleichzeitig von erheblichen steuerlichen Ersparnissen profitieren möchten. Sie kombiniert den strategischen Vorteil eines europäischen Standorts mit einem der niedrigsten effektiven Körperschaftssteuersätze innerhalb der EU. Dies macht die Kanarischen Inseln zu einer interessanten Option für Unternehmen, die steuerliche Effizienz mit den Standortvorteilen der Region verbinden möchten.

Ähnliche Anreize bieten im Übrigen auch andere Länder, etwa Portugal mit seiner Sonderzone Madeira oder Irland mit seiner International Financial Services Centre (IFSC)-Regelung.

Ceuta, Melilla

Ceuta und Melilla bieten aufgrund ihrer besonderen geografischen und wirtschaftlichen Lage in Spanien erhebliche steuerliche Anreize, um Investitionen zu fördern und die lokale Wirtschaft zu stärken. Unternehmen, die in diesen Städten ansässig sind, profitieren von einer 50%igen Reduzierung der Körperschaftssteuer, wodurch der effektive Steuersatz bei nur 12,5% liegt. Auch die persönliche Einkommensteuer wird für Einwohner um 50% gesenkt, was sowohl für Unternehmen als auch für Fachkräfte attraktive Bedingungen schafft.

Darüber hinaus unterliegen Ceuta und Melilla nicht der spanischen Mehrwertsteuer (IVA), sondern erheben stattdessen eigene lokale Steuern, die in der Regel niedriger sind. Die Regionen haben zudem reduzierte Zölle und spezielle steuerliche Regelungen für bestimmte Branchen eingeführt, wie beispielsweise einen reduzierten Steuersatz von 10% für Online-Glücksspielunternehmen. Diese Maßnahmen zielen darauf ab, die wirtschaftliche Entwicklung der Städte zu fördern, Arbeitsplätze zu schaffen und ihre Wettbewerbsfähigkeit zu stärken. Trotz der attraktiven steuerlichen Vorteile müssen potenzielle Investoren jedoch administrative und logistische Herausforderungen, wie die besondere Zollregelung und den Warenverkehr, sorgfältig prüfen und planen, um die Anreize effektiv zu nutzen.

Besteuerung von Start-ups und Innovation

Spanien hat in den letzten Jahren spezielle Steueranreize für Start-ups und innovative Unternehmen eingeführt, darunter Steuergutschriften für Forschung und Entwicklung (F&E). Diese Regelungen ähneln den Programmen in Frankreich (Crédit d'Impôt Recherche) oder Deutschland (Forschungszulage), sind jedoch weniger umfangreich als in Ländern wie dem Vereinigten Königreich, das besonders großzügige F&E-Anreize bietet.

Doppelbesteuerungsabkommen (DBA)

Spanien hat ein breites Netzwerk an Doppelbesteuerungsabkommen, das sicherstellt, dass Einkünfte aus internationalen Tätigkeiten nicht doppelt besteuert werden. Länder wie Deutschland, Frankreich oder die Niederlande bieten ähnliche Netzwerke, wobei einige Länder (z. B. Luxemburg) historisch aufgrund ihrer günstigen Regelungen für internationale Unternehmen bevorzugt wurden.

Effektive Steuerbelastung und Compliance

Die effektive Steuerbelastung in Spanien hängt stark von
der genutzten Rechtsform, den verfügbaren Steueranrei-
zen und der Branche ab. Die Verwaltung und Einhaltung steuerlicher Vorschriften in Spanien ist komplexer
als in Ländern wie Irland oder den Niederlanden, die für
ihre unternehmensfreundlichen Verwaltungsstrukturen
bekannt sind, aber weniger anspruchsvoll als in Italien
oder Frankreich, die als bürokratisch gelten.

Insgesamt positioniert sich Spanien steuerlich im europäischen Mittelfeld. Der Körperschaftssteuersatz und
die Mehrwertsteuer sind durchschnittlich, während die
Sozialabgaben und die Besteuerung von Dividenden relativ hoch ausfallen. Attraktive Steueranreize wie das
ETVE-Regime und die ZEC machen Spanien dennoch
für multinationale Unternehmen interessant, insbesondere für solche mit einer starken operativen Präsenz im
Land. Der Vergleich zeigt, dass die steuerlichen Vorteile

anderer Länder wie Irland, Luxemburg oder die Niederlande oft für Holdingstrukturen und Steueroptimierung
bevorzugt werden, während Spanien eher für Unternehmen mit operativer Tätigkeit und lokalem Fokus geeignet ist. Die Wahl des Standorts sollte sorgfältig geprüft
werden, abhängig von der Branche, den operativen Anforderungen und den langfristigen Zielen des Unternehmens.

Domizilierungspflicht

Nach spanischem Recht ist es für alle Unternehmen verpflichtend, einen **offiziellen Geschäftssitz oder eine registrierte Adresse** (domicilio social) in Spanien anzugeben. Diese Adresse ist ein wesentlicher Bestandteil der
Unternehmensregistrierung und wird sowohl für rechtliche als auch steuerliche Zwecke verwendet. Behörden
wie das Handelsregister (Registro Mercantil), das Finanzamt (Agencia Tributaria) und andere Institutionen
nutzen diese Adresse für offizielle Mitteilungen, Zustellungen und Kontrollen. Sie dient zudem als juristischer
Bezugspunkt, um den Unternehmensstandort und die
Zuständigkeit der lokalen Behörden festzulegen.

Für viele Unternehmen ist der Geschäftssitz identisch
mit dem Ort, an dem die Geschäftstätigkeit tatsächlich
ausgeübt wird, beispielsweise ein Büro, eine Fabrik oder
ein Ladengeschäft. In diesen Fällen müssen Unternehmen sicherstellen, dass die Adresse für behördliche

Inspektionen zugänglich ist und alle vorgeschriebenen Anforderungen, wie Betriebsgenehmigungen oder Sicherheitsauflagen, erfüllt werden. Insbesondere bei Unternehmen mit physischen Aktivitäten wie Produktion oder Verkauf ist eine real existierende Betriebsstätte in Spanien oft unverzichtbar.

Für kleinere Unternehmen, Start-ups oder ausländische Gründer, die keinen unmittelbaren Bedarf an einer physischen Betriebsstätte in Spanien haben, können **virtuelle Büros** eine attraktive und kostengünstige Alternative sein. Virtuelle Büros bieten eine offizielle Geschäftsadresse, die alle rechtlichen Anforderungen erfüllt, ohne dass der Unternehmer vor Ort ein Büro anmieten oder unterhalten muss. Diese Lösung ist besonders nützlich für Dienstleister, digitale Nomaden oder Unternehmen, die zunächst eine Präsenz in Spanien etablieren möchten, ohne größere Investitionen in Infrastruktur zu tätigen.

Virtuelle Büros stellen in der Regel folgende Leistungen bereit:

Eine registrierte Geschäftsadresse für die Unternehmensgründung und steuerliche Anmeldung.

Post- und Dokumentenverwaltung, einschließlich der Weiterleitung offizieller Mitteilungen.

Zugriff auf Besprechungsräume oder temporäre Büros bei Bedarf, um Treffen mit Kunden, Partnern oder Behörden vor Ort abzuhalten.

Telefonservices, wie etwa eine lokale Telefonnummer, um einen professionellen Eindruck zu hinterlassen.

Damit ein virtuelles Büro den **rechtlichen Anforderungen** entspricht, ist es entscheidend, dass es für behördliche Mitteilungen erreichbar ist. Unternehmen müssen sicherstellen, dass alle offiziellen Schreiben und Zustellungen fristgerecht weitergeleitet werden. Spanische Behörden erkennen virtuelle Büros an, solange die Adresse real existiert und eine physische Präsenz nachgewiesen werden kann. Dies bedeutet, dass die Adresse nicht nur formell existieren darf, sondern auch über entsprechende Einrichtungen verfügen muss, um Post und Besuche entgegenzunehmen.

Für Unternehmen, die ein virtuelles Büro nutzen, ist es wichtig, die **steuerrechtlichen Vorschriften** zu beachten. Insbesondere bei der Umsatzsteuerregistrierung (IVA) oder der Beantragung einer Steuernummer (NIF) können Steuerbehörden Nachweise darüber verlangen, dass die angegebene Adresse tatsächlich als Geschäftssitz genutzt wird. Virtuelle Büros, die diese Anforderungen nicht erfüllen, könnten in behördlichen Prüfungen problematisch sein.

Zusammenfassend sind virtuelle Büros eine flexible und kosteneffiziente Lösung, die insbesondere für kleinere Unternehmen oder ausländische Gründer Vorteile bietet. Sie ermöglichen eine offizielle Präsenz in Spanien und erfüllen die rechtlichen Anforderungen, ohne die finanziellen und logistischen Verpflichtungen einer physischen Betriebsstätte. Unternehmer sollten jedoch sorgfältig sicherstellen, dass der Anbieter des virtuellen Büros alle rechtlichen und steuerlichen Standards erfüllt, um Komplikationen mit spanischen Behörden zu vermeiden.

Rechtsnachfolge in Unternehmen

Die **Rechtsnachfolge in Unternehmensanteilen** in Spanien ist klar geregelt und hängt von der Art der Gesellschaft, den Bestimmungen in der Satzung und den allgemeinen gesetzlichen Vorschriften ab. Unternehmensanteile können durch Erbschaft, Schenkung oder Verkauf übertragen werden, wobei die genauen Regelungen je nach Gesellschaftsform und Art der Beteiligung variieren.

In einer **Sociedad de Responsabilidad Limitada (S.L.)** sind die Geschäftsanteile im Gegensatz zur Sociedad Anónima (S.A.) nicht frei übertragbar. Die Satzung einer S.L. enthält in der Regel spezifische Beschränkungen für die Übertragung von Anteilen. Diese können beispielsweise das Zustimmungserfordernis der übrigen Gesellschafter vorsehen, wenn Anteile auf Dritte übertragen werden sollen. Im Todesfall eines Gesellschafters treten die Erben grundsätzlich in dessen Position ein. Die Satzung kann jedoch vorsehen, dass die verbleibenden Gesellschafter die Möglichkeit haben, die Anteile zu erwerben oder eine andere Form der Nachfolge zu vereinbaren. Ohne solche spezifischen Regelungen treten die Erben als neue Gesellschafter in die Gesellschaft ein.

In einer **Sociedad Anónima (S.A.)** sind die Aktien als Unternehmensanteile in der Regel frei übertragbar, es sei denn, die Satzung enthält spezifische Beschränkungen. Bei der Rechtsnachfolge durch Erbschaft oder Schenkung werden die Anteile ohne Zustimmung anderer Aktionäre übertragen, da die Struktur der S.A. auf größere Flexibilität und Offenheit für Wechsel in der Gesellschafterstruktur ausgelegt ist.

Die Übertragung von Anteilen unterliegt steuerlichen und rechtlichen Anforderungen. Bei der Erbschaft von Unternehmensanteilen fällt die **Erbschaftssteuer (Impuesto sobre Sucesiones y Donaciones)** an, deren Höhe von der Region, dem Verwandtschaftsgrad und dem Wert der Anteile abhängt. In vielen autonomen Gemeinschaften Spaniens gibt es jedoch erhebliche Steuervergünstigungen, insbesondere für enge Familienangehörige. Bei einer Schenkung oder einem Verkauf von Anteilen wird ebenfalls eine Steuer auf die Wertsteigerung der Anteile erhoben, die als **Kapitalertragssteuer (Impuesto sobre la Renta de las Personas Físicas, IRPF)** berechnet wird.

Rechtswirksam wird die Übertragung von Unternehmensanteilen durch einen notariellen Akt. Bei der S.L. muss die Änderung auch ins Handelsregister (Registro Mercantil) eingetragen werden, um öffentlich wirksam zu sein. In der S.A. erfolgt die Übertragung durch die

Übergabe der Aktienzertifikate oder durch Änderung der Eintragung im Aktienbuch der Gesellschaft.

Zusätzlich können arbeitsrechtliche und steuerliche Verpflichtungen im Falle der Rechtsnachfolge eine Rolle spielen, insbesondere wenn der Erbe oder Erwerber aktiv in der Gesellschaft tätig wird. Dies betrifft vor allem die Sozialversicherungspflichten, wenn die Nachfolge nicht nur eine passive Beteiligung, sondern auch operative Verantwortung umfasst.

Erbrechtliche Besonderheiten

Das **Pflichtteilsrecht** in Spanien weist einige Besonderheiten auf, die es von den Regelungen in anderen europäischen Ländern unterscheiden. Es basiert auf dem Prinzip des Schutzes bestimmter Erben, die als **Pflichtteilsberechtigte (herederos forzosos)** gelten. Dieses Recht ist in den Artikeln 806 bis 828 des **spanischen Zivilgesetzbuches (Código Civil)** geregelt und legt zwingend fest, dass ein bestimmter Anteil des Nachlasses an die Pflichtteilsberechtigten geht, unabhängig vom Willen des Erblassers.

Die **Pflichtteilsberechtigten** sind in Spanien klar definiert und umfassen primär die Nachkommen (Kinder und Enkelkinder), in deren Abwesenheit die Eltern des Erblassers und in letzter Instanz der Ehepartner. Geschwister oder andere Verwandte sind nicht pflichtteilsberechtigt. Der Kreis der Berechtigten ist damit enger als in manchen anderen europäischen Ländern.

Der Pflichtteil in Spanien ist ein **festgelegter Bruchteil** des Nachlasses, der nicht testamentarisch frei verfügt werden kann. Für Nachkommen beträgt dieser Pflichtteil zwei Drittel des Nachlasses. Ein Drittel des Nachlasses ist vollständig für die Kinder reserviert und wird zu gleichen Teilen unter ihnen aufgeteilt, während das zweite Drittel den Nachkommen vorbehalten bleibt, wobei der Erblasser darüber entscheiden kann, wie es unter den Kindern oder anderen direkten Nachkommen verteilt wird (sog. **Mejora**, Verbesserung). Nur das verbleibende Drittel des Nachlasses steht dem Erblasser zur freien Verfügung.

Falls keine Nachkommen vorhanden sind, steht den Eltern des Erblassers die Hälfte des Nachlasses als Pflichtteil zu. Hat der Erblasser einen Ehepartner, reduziert sich der Pflichtteil der Eltern auf ein Drittel, während der Ehepartner das **Nießbrauchsrecht (usufructo)** an einem Drittel des Nachlasses erhält. Wenn der Ehepartner pflichtteilsberechtigt ist, besitzt dieser in der Regel ein Nießbrauchsrecht, das abhängig von der Familiensituation variiert, z. B. am gesamten Nachlass, wenn keine Nachkommen vorhanden sind.

Eine wichtige Besonderheit des spanischen Pflichtteilsrechts ist, dass der Pflichtteil nicht zwingend in **Barvermögen** gewährt werden muss. Er kann stattdessen in Form von Immobilien, Anteilen oder anderen

Vermögenswerten erfüllt werden, solange der wirtschaftliche Wert des Pflichtteils gewahrt bleibt. Dies ermöglicht eine gewisse Flexibilität bei der Nachlassgestaltung, kann aber auch zu Konflikten führen, wenn die Erben sich nicht einig über die Bewertung oder Verteilung des Vermögens sind.

Spanien kennt zudem keine generelle Möglichkeit, Pflichtteilsberechtigte vollständig zu enterben, außer in sehr spezifischen Fällen, die gesetzlich festgelegt sind, wie z. B. bei schwerwiegendem Fehlverhalten des Erben gegenüber dem Erblasser (z. B. Misshandlung oder schwere Beleidigungen).

Eine weitere Besonderheit ist, dass Spanien ein **regional differenziertes Erbrecht** hat. In autonomen Gemeinschaften wie Katalonien, Galicien, dem Baskenland oder Navarra gelten eigene erbrechtliche Vorschriften, die vom nationalen Zivilrecht abweichen können. In Katalonien beispielsweise beträgt der Pflichtteil für Nachkommen nur ein Viertel des Nachlasses, was deutlich geringer ist als im restlichen Spanien.

Zusammenfassend ist das Pflichtteilsrecht in Spanien stark auf den Schutz der Familie, insbesondere der Nachkommen, ausgerichtet. Es bietet weniger Spielraum für individuelle Testamentsgestaltungen, da ein erheblicher Anteil des Nachlasses zwingend an die Pflichtteilsberechtigten geht. Für internationale Erblasser, die Vermögen in Spanien besitzen oder dort ansässig sind, ist es entscheidend, diese Regelungen bei der Nachlassplanung zu berücksichtigen, insbesondere in

Verbindung mit den EU-Erbrechtsvorschriften und der möglichen Wahl des Heimatrechts.

Schließung von Unternehmen

Die **Löschung eines Unternehmens in Spanien** (Disso-lución y Liquidación) ist ein geregelter Prozess, der mehrere rechtliche, steuerliche und buchhalterische Schritte umfasst. Der Vorgang ist je nach Rechtsform des Unternehmens und seiner spezifischen Situation (z. B. mit oder ohne Schulden) unterschiedlich komplex. Eine ordnungsgemäße Löschung ist notwendig, um rechtliche Verpflichtungen zu beenden und mögliche zukünftige Haftungsrisiken für Gesellschafter oder Geschäftsführer zu vermeiden.

Beschluss zur Auflösung (Dissolución)

Die Löschung beginnt mit einem Beschluss der Gesellschafterversammlung. Dieser Beschluss muss in einer notariellen Urkunde festgehalten werden. In der Regel wird ein Liquidator ernannt, der für die Abwicklung des Unternehmens zuständig ist. Für die Beschlussfassung sind die im Gesellschaftsvertrag festgelegten Quoren zu beachten.

Eintragung der Auflösung ins Handelsregister (Registro Mercantil)

Der Auflösungsbeschluss muss beim Handelsregister eingereicht und eingetragen werden, um die Auflösung öffentlich bekannt zu machen. Ab diesem Zeitpunkt wird das Unternehmen nicht mehr als aktiv angesehen, darf aber noch die für die Liquidation erforderlichen Tätigkeiten ausführen.

Liquidation des Unternehmens

In der Liquidationsphase werden alle Vermögenswerte des Unternehmens verkauft, um ausstehende Verbindlichkeiten zu begleichen. Der Liquidator ist verpflichtet, eine vollständige Abrechnung vorzulegen, einschließlich einer Bilanz, die alle Vermögenswerte, Verbindlichkeiten und das verbleibende Eigenkapital dokumentiert. Nach Begleichung aller Schulden wird das restliche Vermögen gemäß den Anteilen oder der Satzung unter den Gesellschaftern aufgeteilt.

Löschung aus dem Handelsregister

Nach Abschluss der Liquidation wird ein Antrag auf Löschung des Unternehmens gestellt. Dazu müssen folgende Dokumente eingereicht werden:

- Die Liquidationsbilanz.

- Ein Nachweis, dass alle steuerlichen Verpflichtungen erfüllt wurden.
- Ein Nachweis, dass keine Verbindlichkeiten mehr bestehen (z. B. Bankbestätigungen oder Schuldentilgungsnachweise).

Steuerliche Abmeldung

Das Unternehmen muss sich beim Finanzamt (Agencia Tributaria) abmelden. Dies umfasst die Abmeldung von der Körperschaftssteuer, der Mehrwertsteuer (IVA) und der Sozialversicherung. Alle ausstehenden Steuerverpflichtungen müssen beglichen werden, bevor die Abmeldung abgeschlossen wird.

Schlussabrechnung und Berichterstattung

Der Liquidator muss einen Schlussbericht erstellen, der die gesamte Abwicklung dokumentiert. Dieser Bericht wird den Gesellschaftern vorgelegt und bildet die Grundlage für die endgültige Zustimmung zur Löschung.

Öffentliche Bekanntmachung

Die Löschung des Unternehmens muss im **BORME (Boletín Oficial del Registro Mercantil)**, dem offiziellen Handelsregisterblatt, veröffentlicht werden, um den Status des Unternehmens für Dritte transparent zu machen.

Kosten und Dauer

Die Kosten für die Löschung eines Unternehmens in Spanien variieren je nach Komplexität des Prozesses, der Höhe der ausstehenden Verbindlichkeiten und den Honoraren für Notare, Rechtsanwälte und Buchhalter. Typische Kostenpunkte sind:

- **Notargebühren:** 200–500 Euro.

- **Handelsregistergebühren:** 100–300 Euro.

- **Beratungskosten:** 500–2.000 Euro (je nach Umfang der Liquidation und steuerlichen Anforderungen).

Die Dauer des Prozesses kann zwischen **3 und 12 Monaten** liegen, abhängig von der Komplexität der Liquidation und der Geschwindigkeit, mit der ausstehende Verbindlichkeiten geklärt und die behördlichen Schritte abgeschlossen werden.

Haftung nach Löschung

Nach der **Löschung eines Unternehmens** in Spanien können Gesellschafter und Geschäftsführer unter bestimmten Umständen weiterhin für offene Verbindlichkeiten oder unvollständig erfüllte Verpflichtungen haftbar gemacht werden. Obwohl die Löschung des Unternehmens dessen rechtliche Existenz beendet, schließt dies nicht automatisch aus, dass Dritte, wie Gläubiger oder Steuerbehörden, Ansprüche geltend machen können.

Die Haftung von **Gesellschaftern** hängt davon ab, welche Rechtsform das Unternehmen hatte und ob sie persönlich für Verbindlichkeiten hafteten. In einer **Sociedad de Responsabilidad Limitada (S.L.)** oder einer **Sociedad Anónima (S.A.)** ist die Haftung der Gesellschafter grundsätzlich auf ihre Kapitaleinlagen beschränkt. Sollten jedoch nach der Löschung bisher unbekannte Verbindlichkeiten auftauchen und Vermögenswerte der Gesellschaft unvollständig verteilt oder unzureichend dokumentiert worden sein, können Gesellschafter zur Nachschusspflicht herangezogen werden. Dies ist insbesondere dann der Fall, wenn bei der Liquidation gesetzliche Vorschriften verletzt wurden oder das restliche Vermögen der Gesellschaft nicht korrekt verteilt wurde.

Die Haftung von **Geschäftsführern** (administradores) ist potenziell umfangreicher. Geschäftsführer tragen die Verantwortung für die ordnungsgemäße Abwicklung der Gesellschaft und die Einhaltung aller rechtlichen und steuerlichen Vorschriften. Sollten sich nach der Löschung des Unternehmens Verstöße oder Fahrlässigkeiten herausstellen – beispielsweise die Nichtzahlung von Steuern, die unzureichende Berücksichtigung von Gläubigeransprüchen oder die unvollständige Buchhaltung – können sie persönlich haftbar gemacht werden. Dies gilt insbesondere, wenn das Unternehmen in der

Liquidationsphase Vermögenswerte verschleiert oder absichtlich Gläubiger benachteiligt hat.

Steuerliche Nachforderungen sind ein häufiges Risiko nach der Löschung eines Unternehmens. Steuerbehörden können auch nach der Löschung prüfen, ob alle Steuerverpflichtungen korrekt erfüllt wurden. Sollte festgestellt werden, dass Steuern nicht entrichtet oder fehlerhafte Erklärungen abgegeben wurden, können sowohl die Gesellschaft als auch die Geschäftsführer haftbar gemacht werden. In diesen Fällen gehen die Ansprüche direkt gegen die natürlichen Personen, die für die Steuererklärung verantwortlich waren.

Ansprüche von **Gläubigern** sind ebenfalls relevant. Falls ein Gläubiger nachweisen kann, dass ihm bekannte Forderungen während der Liquidation nicht berücksichtigt wurden, hat er das Recht, gegen die ehemaligen Gesellschafter oder den Liquidator vorzugehen. Dies kann geschehen, wenn bei der Verteilung des Unternehmensvermögens Gläubiger vorsätzlich oder fahrlässig übergangen wurden.

Um die Haftung nach der Löschung zu minimieren, sollten die Liquidation und der Löschungsprozess sorgfältig durchgeführt werden. Alle Verbindlichkeiten müssen beglichen, Steuerverpflichtungen erfüllt und die Buchhaltung lückenlos dokumentiert werden. Eine ordnungsgemäße Veröffentlichung der Löschung im Handelsregister und im offiziellen Handelsblatt (BORME) ist ebenfalls entscheidend, da dies Gläubigern Gelegenheit gibt, ihre Ansprüche rechtzeitig geltend zu machen. Die

Unterstützung durch erfahrene Rechtsanwälte und Steuerberater ist in diesem Prozess unerlässlich, um sicherzustellen, dass alle rechtlichen Anforderungen erfüllt und zukünftige Haftungsrisiken minimiert werden.